09 수학 교사를 위한 지침서
대한수학교육학회 번역시리즈

Developing Essential
Understanding of Geometry and Measurement
Pre-K-Grade 2

기하와 측정의 필수 이해:
유아·유치원-2학년

류성림 · 고정화 · 김상미 · 이종학 옮김

idea

NCTM | NATIONAL COUNCIL OF TEACHERS OF MATHEMATICS

KYOWOO

역자 서문

수학을 왜 가르치고 배워야 하는가에 대한 답변은 시대의 변화에 따라 달라질 것이다. 세계는 지식기반정보화사회, 즉 3차 산업혁명 시대를 넘어 기계와 제품의 지능화와 사물인터넷으로 요약할 수 있는 4차 산업혁명 시대에 접어들었다. 이러한 변화 속에서 수학교육은 어떤 모습이어야 하는가에 대한 고민이 필요하다.

이 책은 NCTM의 「필수 이해 시리즈(Essential Understanding Series)」를 대한수학교육학회 주관 하에 번역한 것 중 한 권으로, 위의 문제에 대한 직접적인 답을 주지는 못하지만 시의적절하게 우리나라의 수학교육을 반성할 기회와 제언을 제공할 수 있을 것이다. 교육과정을 수학 수업으로 실행하는 주체이자 교수·학습 활동의 전문가인 교사의 역할에 대한 강조는 수학교육의 세계적 추세이다. 교사 전문성을 개발하기 위한 여러 방면의 연구가 진행 중이다. 「필수 이해 시리즈」는 수학 수업의 주체인 교사가 학생들을 지도할 때 참고할 수 있는 특정 수학 주제에 대한 자료이다.

이 책은 「필수 이해 시리즈」 중 기하와 측정 학습의 초기인 유아·유치원부터 초등학교 2학년 학생들의 기하와 측정에 대한 필수 이해를 다루고 있다. 기하는 수의 세계와는 다른, 그러나 수의 세계와 연결되는 수학적 사고의 한 측면을 제공한다. 또한 측정은 수학에서 가장 광범위하게 사용되는 내용 영역 중의 하나이고 학교수학의 주요 영역인 기하 및 수와 연결된다.

유아·유치원부터 초등학교 2학년 학생들의 기하와 측정에 대한 필수 이해를 읽기 전에 몇 가지 알아두면 유용한 정보를 NCTM(2000)에서 강조한 내용을 중심으로 정리해 보면 다음과 같다.

첫째, 수학에서 다루는 대부분의 내용이 그러하듯이 학생들은 학교에서 형식적 교육을 받기 이전부터 도형에 대한 개념을 형성하기 시작한다. 특히 이 시기의 아동들은 기하에 대해 모양을 기술하고 자신만의 언어로 명명하는 것으로부터 시작한다. 그러나 이 시기의 아동들에 대해서는 기하 교육이 용어 그 자체에 초점을 둘 필요는 없으며, 토론을 통해 아이디어를 명료하게 하여 고학년에서의 보다 형식적인 기하 학습의 토대를 형성할 수 있도록 도와 줄 필요가 있다. 이 시기부터 구체물을 제공하여 학생들이 도형과 도형의 성질을 탐구할 수 있도록 환경을 조성해 주어야 한다. 또한 이 시기부터 기하 개념의 예가 되는 모양과 예가 되지 않는 모양을 다루어서 토론을 통해 기하 개념이 발달할 수 있도록 도와주어야 한다. 나아가 주변 환경에서 기하를 인식하는 능력이 향상되도록 자연이나 건축물에 있는 기하 도형을 적절히 활용하는 것도 좋은 방법 중의 하나이다.

둘째, 저학년에서는 측정 활동을 통해 일상적으로 중요한 기능을 학생들에게 자연스럽게 지도할 수 있고, 다른 수학적 주제에 대한 학생들의 지식을 강화할 수 있으며, 고학년에서 형식화되고 확장될 측정 개념과 과정을 발달시킬 수 있다. 여러 가지 속성을 측정하기 위한 개념적 토대가 초등학교 저학년에서 발달될 필요가 있긴 하지만, 이 시기에 가장 강조되어야 할 것은 길이 측정이다. 측정 경험은 직접 비교, 비표준 단위의 활용, 표준 단위의 활용 등을 포함해야 한다. 예를 들어, 교사는 어린 학생들에게 발의 길이만큼 긴 물건을 교실에서 찾고, 정육면체들을 연결하여 책상의 길이를 측정하게 할 수 있다. 학생들은 나중에 자와 같은 표준 측정 도구를 활용하여 교실에 있는 실물의 키를 측정하여 측정값에 대한 차트를 만들 수 있다. 취학 전에 아동들은 한 용기에 다른 용기로 모래나 물을 따라 붓는 놀이를 통해 부피에 대해 어렴풋이 경험한다. 따라서 이 시기의 어린 학생들은 작은 용기를 가지고 큰 용기를 가득 채우는 실험을 하도록 하고, 어떤 양이 주어진 용기에 대해 너무 많은지 그렇지 않은지를 추측할 수 있는 경험을 할 필요가 있다. 또한 측정 과정은 하나의 단위 선택, 대상을 그 단위로 비교하기, 단위의 개수 기록하기 등으로 원칙적으로 동일하다는 점을 알아야 한다. 단위의 개수는 단위를 반복하고 반복된 개수를 세거나 측정도구를 사용함으로써 결정될 수 있다. 예를 들어, 학생들은 넓이를 구하기 위해 어떤 영역을 타일로 덮은 다음 타일의 개수를 세어 측정할 수 있을 것이다. 특히 교사는 학생들이 측정 도구를 정확하게 사용하는 것과 정확한 측정값을 산출하는 것은 다양한 경험을 통하여 오랜 기간 동안 발달된다는 점을 명심해야 한다. 때에 따라 문제를 해결하기 위해 항상 정확한 측정이 필요한 것은 아니기 때문에 학생들로 하여금 어림 측정값이 적절한 상황을 인식할 수 있도록 도울 필요가 있다.

이 책은 기하와 측정에 대한 핵심 아이디어와 필수 이해를 다루기 위해 서론에 이어 3개의 장으로 구성되어 있다. 서론은 1장에서 접하고 탐구하게 될 기하와 측정에 관한 핵심 아이디어와 필수 이해에 대해 교사를 준비시키면서 그 배경을 제시한다. 1장에서는 기하와 측정에 대한 핵심 아이디어와 필수 이해를 제시하여 그에 대한 예를 제공함으로써 교사의 이해를 보완하고 강화하기 위한 목적을 갖고 있다. 핵심 아이디어 1~3은 기하에 관한 것이고, 핵심 아이디어 4는 측정에 관한 것이다. 2장에서는 1장에서 다룬 개념들을 각 학년에서 나오는 수학적 개념들이나 학생들이 선수나 후속으로 수학을 공부할 때 마주칠 다른 수학적 개념들과의 연결성을 고려함으로써 학습 원리를 뒷받침한다. 3장에서는 개념들을 다루면서 나온 주제들에 관련된 필수적인 개념들을 이해하는 데 겪는 학생들의 어려움들을 다루는 것으로 마무리 짓는다. 그리고 학생들의 사고 발달을 분석하고, 학생들의 이해도를 평가하며, 그들에게 주제들을 제시할 수 있게 안내한다.

역자들은 이 책의 내용을 가감 없이 그대로 전달하고자 하였다. 이 책에 담긴 필수 이해와 그것을 예시로 하는 다양한 사례를 통해 초등학생에게 기하와 측정을 의미 충실하게 지도하기 위한 교사 전문성이 구체화 될 수 있기를 기대한다. 또한 급격한 변화 속에서 학교 수학에서 다루어야 할 것이 무엇인가에 대한 고민에 도움이 되길 바란다. 이 책의 출판을 위해 노력해주신 교우사 여러분께 깊은 감사의 뜻을 전하는 바이다.

역자 일동

- 차례 -

서문

유아·유치원(prekindergarten)부터 12학년까지의 수학을 가르치기 위해서는 수학에 대한 특별한 이해가 필요합니다. 유능한 수학 교사들은 설명법을 찾고, 수학 안과 밖의 주제들 간의 내용을 접목시키면서 자신들이 가르쳐야 하는 내용 자체뿐만 아니라 그 이상을 생각합니다. 가르치는 주제에 대하여 학생들에게 어떤 수학이 중요한지 아는 교사들을 만날 때, 학생들은 교육과정과 학업 성취에 대한 기대치를 더 잘 충족할 수 있게 됩니다.

미국수학교사협의회(NCTM)가 출간한 「필수 이해 시리즈(Essential Understanding Series)」는 2006년에 출판된 「유아·유치원에서 8학년까지의 수학을 위한 교육과정 초점 사항: 일관성을 위한 요구(Curriculum Focal Points for Prekindergarten through Grade 8 Mathematics: A Quest for Coherence)」와 2009년에 발간한 「고등학교 수학의 초점: 추론과 이해(Focus in High School Mathematics: Reasoning and Sense Making)」의 정신에 따라 학교 수학 교육과정에 집중하였습니다. 「필수 이해 시리즈」는 학생들을 가르칠 때 도움이 될 수 있도록, 특정 수학 주제에 대하여 개인의 지식을 넓히고 질을 향상시키기 위해 수학적으로 사고하고 싶은 교사와 동료를 위한 자료입니다. 각 책의 주제는 학생들은 배우기 어렵고, 교사는 가르치기 힘들며, 학생들이 학습자로서의 성공과 그들의 미래의 삶과 진로에 매우 중요한 역할을 할 수 있는 수학적 영역을 다루고 있습니다.

교사로서, 연구자로서, 그리고 수학자로서의 자신들의 경험에 기반을 두고 저자들은 각 책의 주제에 중심이 되는 핵심 아이디어를 설명하고 있습니다. 필수 이해—주제의 본질을 포착하는 수학적 관점—가 모여서 각각의 핵심 아이디어를 이룹니다. 종합적으로, 핵심 아이디어와 필수 이해는 집중적이고 연결되며 유용한 수학적 관점을 교사들에게 제공합니다. 학생들이 학교수학에서 선수 학습이나 후속 학습으로 배우게 되는 주제를 교수 및 평가와 연결시켜 주는 것은 교사의 수학에 대한 필수 이해의 관련성과 중요성을 설명해 줍니다.

이 시리즈를 만들 수 있게 도와준 모든 사람들에게 이사회를 대신하여 진심으로 감사를 표합니다. 특별히 시리즈의 편집자로서 리더십을 발휘한 Rose Mary Zbiek에게 감사의 뜻을 전합니다. 필수 이해 프로젝트 팀과 함께 이 책들을 접하는 여러분을 환영하며, 여러분들이 앞으로도 수학을 배우고 가르치는 것에 대하여 오랫동안 즐길 수 있기를 바랍니다.

Henry Kepner

회장, 2008-2010

미국수학교사협의회

머리말

유아·유치원부터 12학년까지, 수학과 교육과정은 학생들의 발달에 중심이 되는 중요한 주제들을 포함하고 있다. 이 주제들을 이해한 학생들은 새로운 수학 분야로 자연스럽게 넘어가며 자신감을 가지고 계속 발전해 가게 된다.

그러나 이 주제들 중 많은 부분은 전통적으로 배우거나 가르치기가 어려웠으며, 학생들의 발달을 점검하기 위한 문지기로서의 역할을 하기 보다는 장애물 역할을 하는 것으로 증명되었다. 이러한 주제들에 대하여 기초를 단단히 다지지 못한 학생들은 수학이나 관련된 교과목에서 후속 학습을 할 때 대개 가속도를 내지 못하고 활동을 해 나가는 데 어려움을 겪는다.

「필수 이해 시리즈」는 모든 단계에서 이런 주제들을 분석했다. 학생들에게 이런 주제들을 가르치는 교사들은 학생들이 수학적 성취를 이루는 데 중요한 역할을 한다. 이 시리즈의 각 책은 여러분처럼 단지 유능함을 넘어서 교실에서 훌륭한 교사가 되고 싶은 사람들에게 학생들이 꾸준히 수학적으로 발달할 수 있도록 한 가지 또는 더 많은 주제들에 대하여 이해를 풍부히 할 수 있도록 돕는다.

얼마나 알아야 하는가?

이러한 어려운 주제들을 효과적으로 가르치기 위해서는 폭넓고 깊은 수학적 이해에 관심을 가져야 한다. 그런데 어려운 것은 학생들이 알고 배워야 할 것이라고 기대하는 것 이상으로 교사는 그 주제들에 대해 더 많이 알아야 한다는 것이다.

왜 그렇게 광범위한 지식이 필요한 것인가? 왜 가르쳐야 하는지에 대한 것과 학생들이 알아야하는 것 이상의 지식이여야 하는가? 이 질문에 대한 답은 많은 요소로 설명할 수 있다.

학생들에게 성공적인 학습경험이 되도록 계획하기 위해서는 다양한 모델들과 표현을 이해해야 하며, 어떠한 경우에는 교육과정을 평가하고 수업을 계획하면서 여러 기술들을 익혀야 할 때도 있다. 교사는 과제들을 선택하고 실행하면서 무엇을 강조해야하는지 알아야 하며 그것들이 수학적으로 왜 중요한지도 알아야한다.

교사는 수업하면서 학생들이 당혹해 할 것을 예상해야 하고, 학생들이 그러한 함정을 피해갈 수 있도록 도와줘야 하며, 오개념을 인지하고 바로 잡아야 한다. 또한 예측하지 못한 수업 상황들을 활용하여 다양한 수학 주제들을 연계하여야 한다. 만약 평가에서 학생들이 수업에서 다룬 내용을 잘 이해하지 못한 것으로 나타난다면, 학생들이 이해하지 못한 부분을 어떻게 설명할 것인지 알아야 한다. 한 번에 알아듣지 못하는 학생들을 위해 다양한 방법으로 수학을 묘사하도록 다양한 방면에 대해 충분히 이해해야 한다. 또한, 전체 수학 교육과정에 비추어 그 주제가 어디에 연계되는지 알아야 한다. 그리고 학생들의 생각이 어디에서부터 오며, 추후 학습에서는 학생들이 수학적으로 어디로 향해 나아갈지도 알아야 한다.

이러한 일들을 수학적으로 수행하는 것이 무리한 요구로 들릴 수도 있다. 그러나 교사가 폭넓게 수학적으로 이해해야 학생들을 잘 인도하고 학생들이 순조롭게 학습할 수 있도록 다양하게 지도할 수 있게 된다.

「필수 이해 시리즈」가 어떤 도움이 되는가?

「필수 이해 시리즈」는 여러분이 지도하는 내용에 대한 지식을 강화시키도록 수학에 대하여 철저히 점검할 수 있는 기회를 제공한다. 이 책들은 학생들에게 사용할 수 있는 자료를 직접적으로 제공하지도 않을 뿐더러, 학급 관리나 가르치는 방식, 또는 평가 기법들을 다루지도 않는다. 그 대신 이 책들은 수학적 내용에 관한 주제들, 즉 수업을 준비할 때 필요한 아이디어와 이해, 수업 지도, 학생들과의 일대일 상호작용, 그리고 평가에 대해 집중적으로 다룬다.

저자들이 주제에 어떻게 접근하고 있는가?

저자들은 각 주제에 대해 "핵심 아이디어(big ideas)"와 "필수 이해(essential understandings)"로 구분하고 있다. 핵심 아이디어는 하나의 수학적인 주제에 중심이 되고 비교적 작은, 많은 수학적 아이디어들을 묶어 일관성 있게 하나로 연결하는, 광범위한 개념의, 중요한 수학적 진술이다. 이 책에서 각각의 핵심 아이디어들과 관련된 비교적 작고 구체적인 주제들을 *필수 이해*라고 부른다. 저자들은 핵심 아이디어들의 특징적인 측면들을 부각하고 이에 대한 풍부한 증거를 제공한다.

핵심 아이디어들은 수학에 있어 매우 큰 가치를 가지고 있다. 서로 관련된 필수 이해들을 꾸준히 연구함으로써 매우 압축된 진술문의 힘과 가치를 느낄 수 있을 것이다. 다수의 이런 작은 개념들을 완벽히 이해하고 이를 통해 핵심 아이디어들에 접근하는 것은 여러분의 지적 자산과 수업의 가능성들을 상당히 증대시켜 줄 것이다.

교사의 역할 중의 하나로 수학적 아이디어를 연구하면서, 여러분은 아마도 이런 필수 이해들이 학생들에게 어려운 주제들 중 하나를 제시하기 위하여 교사에게 필요한 이해의 핵심이라는 것을 알아차렸을 것이다. 이런 필수 이해라는 수학적 조각들이 모여 핵심 아이디어를 구성하기 때문에 이를 잘 아는 것이 매우 중요하다.

이 책들은 어떻게 구성되어 있는가?

「필수 이해 시리즈」의 모든 책들은 같은 구조를 가지고 있다.

- 서론에서는 개요와 특정 주제들을 선정한 이유들을 설명하며, 교사들과 학생들이 알아야 하는 것의 몇 가지 차이점들을 강조한다.
- 1장은 이 책의 핵심이며, 핵심 아이디어들과 그에 관련된 필수 이해들을 구분하여 검토하였다.

- 2장에서는 1장에서 다룬 개념들을 각 학년에서 나오는 수학적 개념들이나 학생들이 선수나 후속으로 수학을 공부할 때 마주칠 다른 수학적 개념들과의 관련성을 고려하여 살펴본다.
- 3장에서는 개념들을 다루면서 나온 주제들에 관련된 필수적인 개념들을 이해하는 데 겪는 학생들의 어려움들을 다루는 것으로 마무리 짓는다. 그리고 학생들의 사고 발달을 분석하고, 학생들의 이해도를 평가하며, 그들에게 주제들을 제시할 수 있게 안내한다.

1장에는 핵심 아이디어들과 필수 이해들을 논의하는 가운데 [생각해보기]라고 분류된 질문들을 군데군데 넣었다. 읽으면서 잠시 멈춰 이것들에 대해 스스로 생각해 보거나 동료들과 논의해보는 것이 중요하다. 자료들에 이러한 방식으로 접근하는 것은 이 책을 읽는 경험을 참여적이고 상호적이며 역동적이게 할 수 있을 것이다.

생각해보기 질문들은 같은 지역 교사들이나 온라인상에 연결된 같은 학군의 교사들, 그리고 나아가 시 전체의 교사들과의 대화의 주제가 될 수 있을 것이다. 그러므로 이 생각해보기 질문들과 관련해서는 교사들이나 예비교사들이 개인이나 집단으로 대학 수업 혹은 그 이후에 공식적 또는 비공식적 경험을 위한 도구로 사용할 수 있다.

새로운 관점

「필수 이해 시리즈」는 교사에게 폭넓고 깊은 수학적 이해를 지원함으로써 학생들이 다양한 방법으로 도움을 받을 수 있게 하기 위한 것이다. 논의되는 수학과, 교육과정 상 학생들이 이전과 이후에 배우게 될 수학의 관련성을 고려함으로써 이 책은 흔치 않은 깊이와 학교 수학의 수직적 연계성에 대한 통찰력을 제공한다.

이 시리즈는「학교수학을 위한 원리와 규준(Principles and Standards for School Mathematics)」(NCTM 2000),「유아·유치원에서 8학년까지의 교육과정 초점 사항: 추론과 이해(Curriculum Focal Points for Prekindergarten through Grade 8 Mathematics: Reasoning and Sense Making)」(NCTM 2009), 그리고「내비게이션(Navigations) 시리즈」(NCTM 2001-2009)의 배경과 대비하여 진술하고 있다. 이 새로운 책들은 내용-기반 교사의 전문성 발달의 기회를 제공하는 데 중요한 역할을 한다.

다른 출판물들은 차례차례 새로운 책에 살을 붙이고 질을 높이는 데 사용할 수 있다. 이 책을 읽은 후에, 예를 들어, 학생들이 필수 이해 시리즈에서 논의된 주제들에 대한 통찰력을 기르도록 직접적으로 할 수 있는 규준 기반 활동들을 내비게이션 시리즈에서 골라낼 수도 있을 것이다. 만약 유아-유치원에서 8학년까지를 가르친다면,「교육과정 핵심 사항(Curriculum Focal Points)」에서 제시한 3가지 중점들을 이용해 여러분의 심층적인 이해를 접목시켜 제시할 자료를 가지고 학생들의 수준에 맞추어 안내할 수 있을 것이다. 그리고 9학년에서 12학년 학생들을 가르친다면,「고등학교 수학에서 초점(Focus in High School Mathematics)」에 나와 있는 것처럼 여러분이 이해한 것을 이용하여 학생들이 수학적 증명이나 이해를 형성할 수 있는 방법들을 풍부하게 할 수도 있을 것이다.

질 높은 이해는 새로운 관점을 제공하며 가르치는 데 있어 새로운 에너지를 불어 넣는다. 우리는 여러분이 이 책을 읽으면서 습득한 이해가 학생들이 그들의 수학적 성공을 확신시켜주는 주제들을 완벽히 이해하도록 돕는 것을 지원해줄 수 있기를 소망한다.

저자들은 이 책의 형식과 내용에 대해 유용한 피드백을 해준 검토자들에게 감사의 말을 전한다. 특히, 도전적인 아이디어들을 접근하기 쉬운 방법으로 다루도록 통찰을 제공하고 조언을 해 준 Jane F. Schielack과 David W. Henderson에게 감사를 표한다.

서론

이 책은 기하와 측정에 대한 아이디어에 초점을 맞추고 있다. 이러한 아이디어는 유아·유치원~2학년의 수학을 효과적으로 가르치기 위해 교사가 충분히 이해해야 하고 유연하게 사용할 수 있어야 하는 것이다. 이 책은 유아·유치원부터 초등학교 저학년 교육과정에서 주로 다루는 여러 가지 수학적 아이디어에 대해 논의하며, 교사는 자신의 학생들이 학습할 수학을 깊이 있게 탐구하고 그 이상으로 확장하도록 스스로에게 동기를 부여한 다양한 수학 경험을 가지고 있다고 가정한다.

이 책은 교사가 이러한 아이디어에 참여할 수 있도록 설계되었고, 기하와 측정의 복잡성을 반영하여 수업을 계획하고 실행하며 학생들의 학습을 평가하도록 이끄는 이해를 교사가 개발할 수 있도록 도와줄 것이다. 연관된 개념들을 깊고 풍부하게 이해하는 것은 학생들이 학교 수학의 경험 전반에 걸쳐 접하였고 앞으로도 지속적으로 접하게 될 수학에 이러한 아이디어가 어떻게 스며들어 있는지를 보여줌으로써, 그 영향력과 범위에 대해 학생들과 소통할 수 있도록 해 준다.

이러한 연구로부터 교사가 얻게 되는 기하와 측정에 관한 이해는 「학교수학을 위한 원리와 규준」(NCTM, 2000)에 제시된 비전을 뒷받침한다. "모든 학생이 높은 수준의 흥미로운 수학 수업에 참여하는 교실, 학교 또는 학군을 상상하자(p. 3)." 이 비전의 성취는 "전문가로 끊임없이 성장하고 있고(p. 3)", 수학을 이해하며 학습하도록 도울 수 있는 의미 있는 경험에 학생을 일상적으로 참여시키는 교사에게 달려있다.

왜 기하와 측정인가?

NCTM의 필수 이해 시리즈의 모든 책에 제시된 주제와 마찬가지로, 기하와 측정은 학생의 학습에 있어서 대단히 중요하지만, 교사가 가르치기에는 도전적인 학교 수학의 주요 영역이다. 유아·유치원~2학년 학생들이 이후의 수학 학습에서 성공하기 위해서는 기하와 측정 공간에 대해 사고할 수 있는 기회가 제공되어야 한다. 학생들은 종종 기하와 공간 추론의 양상(aspects)에서 어려움을 겪는데, 그것은 학생들의 능력이 부족해서가 아니라, 중요한 사고와 시각화 기술을 신장하는 데 충분한 경험과 시간이 필요하기 때문이다. 예를 들어, 많은 학생들은 표준적인 위치와 모양(두 개의 긴 변과 이것에 수직인 두 개의 짧은 변)을 갖는 것만이 직사각형이라고 인식하고, 직사각형과 정사각형, 마름모가 어떤 관련이 있는지 알지 못한다. 유아·유치원~2학년의 수학을 지도하는 교사들은 기하의 이러한 특별한 측면을 이해하고, 학생들이 도형을 잘 분류하도록 돕기 위해 그리고 분류 체계에 관한 추론을 잘 하도록 자신들의 이해를 이용할 수 있어야 한다.

유아·유치원~2학년의 수학 교사로서 해야 할 일은 교사, 학교, 학군 및 해당 주의 교육과정에서 학생들이 기하와 공간 추론에 관해 학습하기를 기대하는 수학을 견고하게 이해하는 것이다. 또한 교사는 기하와 측정이 실제 수업에서, 현 학년과 앞으로의 학년에서 학생들이 배울 다른 수학적 아이디어와 어떻게 관련되는지 알아야 한다. 풍부한 수학적 이해는 수업에서 과제 선정하기, 질문하기, 자료 선택하기, 시간에 따라 주제와 아이디어 순서 짓기, 학생 활동의 질을 평가하기, 학생의 사고를 자극하고 도울 수 있는 방법 고안하기와 같이 교사가 해야 하는 많은 부분에서 교사의 의사결정이 잘 되도록 안내한다.

기하와 측정을 이해하기

교사가 수학을 가르치는 이유는 다른 사람들이 학교, 직장, 삶에서 성공하고 만족할 수 있는 방법으로 수학을 이해하기를 바라기 때문이다. 교사는 학생들이 기하와 측정에 대해 탄

탄하고 지속적인 이해를 개발하도록 돕기 위해 수학을 깊이 있게 이해해야 한다. 그렇다면 이것은 무엇을 의미하는가?

기하와 측정과 같은 수학 영역을 이해한다는 것이 어떠한 사실을 알고, 특정한 유형의 문제를 해결할 수 있으며 관련된 어휘에 능통하다는 것으로 생각하기 쉽다. 예를 들어, "사각형은 네 변을 갖는 다각형이다."와 같은 사실을 알고 있을 것이다. 길이, 넓이, 부피를 포함한 문제를 능숙하게 해결할 수도 있을 것이다. 또한 교사는 *분류, 마름모, 단위, 합동*과 같은 수학적 어휘들을 알고 있을 것이다.

물론 특정한 유형의 문제를 해결하기 위한 사실, 어휘, 테크닉이 교사가 기하와 측정에 관하여 알고 있을 것이라 기대하는 전부는 아니다. 예를 들어, 교사는 학생과의 활동에서 공통인 도형의 이름을 알고 있어야 할뿐만 아니라, 학생들이 고안한 도형의 표현을 이해하고 평가할 수도 있어야 한다.

유아·유치원~2학년의 모든 수학교사들이 기하와 측정에 대해 알고 있어야 하고, 가르쳐야 하는 수학적 아이디어의 매우 긴 목록에 초점을 맞추는 것은 쉽다. 교육과정 개발자들은 종종 그러한 목록을 개발하고 제시한다. 하지만, 개별적인 항목들이 중요할 수 있어도 이러한 목록들은 주제에 대한 풍부한 이해의 본질을 담아낼 수 없다. 기하와 측정을 심도 있게 이해하기 위해서는 중요한 수학적 아이디어를 아는 것뿐만 아니라 어떻게 이러한 아이디어들이 서로 관련되는지 인식해야 한다. 교사의 이해는 새로운 아이디어를 수용하고 익숙한 아이디어를 새롭게 연결하는 경험과 기회를 통해 계속 성장해 나간다.

뿐만 아니라 기하와 측정에 대한 교사의 이해는 학생에게 지도해야 할 내용을 뛰어넘어야 한다. 교사가 알아야 하는 것과 학생들이 학습하기를 기대하는 것 사이의 차이점 중 일부는 쉽게 설명할 수 있다. 예를 들어, 교사는 학생들이 나중에 다루게 되지만 아직은 이해하지 못하는 수학 주제인 등거리

(isometry)에 대한 형식적 성질에 대해서도 이해해야 한다.

교사가 알아야 하는 이해와 학생들이 학습하기를 기대하는 이해 사이의 또 다른 차이점은 덜 명확하지만, 교사는 교실에서 겪는 경험을 통해 그 차이점을 어느 정도 알게 된다. 예를 들어, "정사각형은 마름모이다!"와 같은 학생의 예기치 못한 일반화나 주장의 가치를 알아볼 수 있도록 기하와 측정을 이해하는 것에 대하여 얼마나 많이 고마움을 느꼈는가? 또한 지식이 부족하여 그러한 기회를 놓치거나 충분한 이점을 활용하지 못하고 실패할 수도 있다는 것에 대해 얼마나 많이 생각해왔는가?

교사가 거의 확실히 알고 있듯이, 교실에서는 친숙한 수학을 알고 할 수 있는 것만으로는 충분하지 않다. 교사도 새로운 주장을 밝혀내고 정당화하거나 반박할 수 있어야 한다. 이러한 주장과 정당화를 하기 위해서는 학생의 수학 경험과 현행 교육과정 상의 기대수준을 능가하는 아이디어나 기법을 필요로 할 수도 있다. 예를 들어, 교사는 "다이아몬드는 한 점 위에서 서 있기 때문에 정사각형이 아니다."와 같은 잘못된 주장을 반박할 수 있어야 한다. 또는 사물의 길이를 측정하기 위해 자를 이용하는 학생에게 자의 0을 사물의 한쪽 끝에 맞추고 사물의 반대쪽 끝에 나타난 자의 수가 바로 사물의 길이가 된다는 것을 설명할 필요가 있다. 한편, 학생은 자로 사물을 잴 때 길이의 시작점에 있는 수와 끝점에 있는 수 사이에 있는 단위의 수와 직면하게 되는데, 이 두 수의 차를 빼기로 구할 수 있을 것이다.

핵심 아이디어와 필수 이해

기하와 측정에 대한 이해를 풍부하게 해 주는 많은 특정한 아이디어에 대하여 생각하는 것은 부담스러운 과제일 수 있다. 그러한 수학적 아이디어 전부와 그 사이의 연결성을 설명하기 위해서는 여러 권의 책이 필요할 것이다. 저자들은 이 책에 어떤 아이디어를 포함시킬지 결정하기 위하여 핵심적인 질문을 고려했다. 효과적인 수업을 위해 유아·유치원~2학년을 가르치는 수학 교사들이 기하와 측정에 대해 *필수적으로* 알아야 하는 것은 무엇인가? 이 질문에 대답하기 위하여 저자들은 다양한 자료를 수집했는데, 여기에는 수학 학습 및 교수에 관한 연구, 수학 및 수학 교육 분야 동료들의 전문 지식, 검토위원 및 전문성 개발자의 반응, 교육과정 자료에서의 아이디어뿐만 아니라 개인적인 경험까지 포함된다.

그 결과, 이 책의 수학 내용은 기하와 측정에 대해 교사들이 필수적으로 알아야 할 내용에 초점을 맞춘다. 특히 1장은 이러한 수학의 중요한 영역과 관련된 4가지 핵심 아이디어를 중심으로 정리되어 있다. 각각의 핵심 아이디어는 이 책에서 *필수 이해*라 부르는 더 작고, 보다 구체적인 수학적 아이디어에 의해 뒷받침된다.

교수, 학습, 평가를 위한 이점

기하와 측정을 이해하는 것은 교사가 「학교 수학을 위한 원리와 규준」에 명시된 교수 원리를 실행하는 데 도움이 된다. 이 원리는 수업을 위한 상위 규준을 정한다.

> 수학을 효과적으로 가르치려면, 학생들이 무엇을 알고 있으며 어떤 것을 학습할 필요가 있는 지에 대해 이해하여야 하며 학생들이 수학을 잘 학습할 수 있도록 격려하고 뒷받침해야 한다(NCTM, 2000, p. 16).

수학에서 다른 중요한 주제를 가르치는 것과 같이, 기하와 측정을 가르치기 위해서는 "일반적인 예비 수학 과정에서 대부분의 교사들이 경험하는 것을 뛰어 넘는(p. 17)" 지식이 필요하다.

1장은 이러한 관점에서 기하와 측정에 대한 개요를 제공한다. 이는 이 주제에 관해 교사가 지금껏 접해왔을 여러 가지 논의보다 더욱 집중적이고 포괄적이다. 이 장은 교사의 이해를 보완하고 강화하기 위한 목적으로 기하와 측정과 관련된 핵심 아이디어와 필수 이해를 열거하고 설명하며 그에 대한 예를 제공한다. 따라서 1장의 목적은 교사가 학생들에게 기하와 측정을 탄탄하게 학습하게하기 위해 필요한 지지와 도전을 제공하면서 교수 원리를 충분히 실행할 수 있도록 준비시키는 것이다.

이러한 방식으로 교사의 이해를 통합하는 것은 「원리와 규준」에 드러난 학습 원리를 실행하도록 교사를 준비시키기도 한다.

> 학생들은 경험과 이전의 지식을 바탕으로 새로운 지식을 능동적으로 구성함으로써 수학을 이해하면서 학습해야 한다 (NCTM, 2000, p. 20).

학생들이 이러한 방식으로 기하와 측정을 학습하도록 돕기 위한 교사의 노력을 지지하기 위하여, 2장은 핵심 아이디어와 필수 이해를 학생들이 학교에서 통상적으로 직면하는 수학과 연결되는 구체적인 방법을 보여줌으로써 1장에서 제시한 기하와 측정에 대한 이해를 기반으로 한다. 이 장은 학생들이 기하와 측정을 학습할 때 장기적인 연결을 강조함으로써 학습 원리를 뒷받침한다. 예를 들어, 학생들의 수학 경험이 확장됨에 따라, 측정과 유리수 사이의 연결에 대한 이해가 점진적으로 발달되고 두 예에서 단위의 역할에 대한 일반화를 가지고 추론하는데 유창해진다.

1장과 2장에서 제시하는 이해는 교수의 또 다른 중요한 영역을 강화시킬 수 있다. 3장에서 이러한 영역을 다루는데 1장과 2장을 기반으로 하여 학생이 가지고 있는 도형과 그 분류, 공간에서의 이동과 위치, 도형의 변환, 측정에 대한 이해를 평가하기 위하여 적절한 과제, 기술, 도구를 선정하고 개발하는 데 기하와 측정에 대한 이해가 어떻게 도움이 되는지 보여준다. 기하와 공간 추론에 관한 핵심 아이디어와 필수 이해는 그 아이디어를 가지고 학생의 과거와 미래의 경험을 이해하면서 강화되고, 교사가 교실에서 NCTM의 과정규준(NCTM, 2000)과 Common Core State Standards(CCSSI, 2010)을 반영하여 실천하도록 하며, 유의미한 수학 학습을 도울 수 있다.

그러한 평가는 「원리와 규준」에 제시된 평가 원리의 첫 번째 조건을 만족시킨다.

> 평가는 중요한 수학의 학습을 뒷받침해야 하며 교사와 학생 모두에게 유용한 정보를 제공해야 한다(NCTM, 2000, p. 22).

또한 교사가 기하와 측정을 이해함으로써 학생들이 생각하고 있는 것과 이해하는 것에 대한 구체적인 정보를 제공하는 평가 과제를 개발할 수 있게 하고, 이는 평가 원리의 두 번째 조건을 만족시키는 데 도움이 될 수 있다. 예를 들어, 학생들에게 단위로 길이를 측정하도록 하는 과제와 보다 작은(또는 큰) 단위를 이용할 때 (측정에서) 세기에 대한 결과를 예상하는 것은 아동이 측정에서의 단위의 개념과 단위의 관련성에 대한 이해에 관한 중요한 정보를 보여줄 수 있다.

시작할 준비하기

서론은 1장에서 접하고 탐구하게 될 기하와 측정에 관한 핵심 아이디어와 필수 이해에 교사를 준비시키면서 그 배경을 제시하였다. 각 장을 순서대로 읽는 것이 이 책에 접근하는 매우 유용한 방식이 될 것이다. 1장은 생각하는 시간을 가지고 한 번 이상 읽어보기를 권한다. 기하와 측정과 관련된 핵심 아이디어와 필수 이해의 아이디어를 받아들인 후 이러한 아이디어 사이의 연결을 알아볼 수 있다. 그런 다음 새롭게 이해한 것이나 견고하게 이해된 것을 가지고 2장으로 넘어가면, 기하와 측정에 관한 아이디어가 학생들이 학교에서 이전에 직면했거나 이후에 직면하게 될 수학에 어떻게 연결되는지 이해하도록 안내할 것이다. 그 다음 3장에서 교수, 학습 및 평가에 관한 내용을 읽어볼 수 있다.

대안적으로 1장과 2장의 수학 아이디어를 읽기 전에 3장을 먼저 살펴볼 수도 있다. 교수, 학습 및 평가의 도전을 분명히 염두에 두고, 그것들에 대한 가능한 접근 방법과 더불어, 1장과 2장의 자료에 대한 다른 관점을 제시할 수 있다.

이 책을 어떻게 읽던지 간에, 기하와 측정에 대한 교사의 이해, 적용, 그리고 즐거움을 확장하는 데 도움이 되기를 바란다.

제1장

기하와 측정 : 핵심 아이디어와 필수 이해

우리는 살고 있는 공간-즉, 균형을 유지하고 서로 관계가 있는 곳-을 통해 보고 움직이는 대상들을 안전하고 능숙하게 인식하기 위하여, 우리는 태어나면서부터 주변의 공간을 이해하는 것, 그리고 공간을 더 알기 위해서 호기심을 갖고 *탐구*하는 것과 연결되어 있었다. 심지어 유아기 때에도 인간은 모양과 크기에 대해 높은 처리 수준을 보인다! 병을 어느 한 방향으로만 주었을 때에 이것이 병이구나 하고 인식했던 아기들이 익숙하지 않은 다른 방향으로 주게 될 경우 처음에는 같은 병인지 알아채지 못한다. 그러나 몇 주 안으로 병을 주는 방향과 관계없이 병을 인식할 수 있게 된다.

우리가 그것이 얼마나 주목할 만한 일인지 거의 알지 못한다는 점은 매우 자연스러운데, 진화의 산물로써 더 자연스러운 것이다. 아기들은 머릿속으로 병을 회전할 수 있을 뿐만 아니라, 변화하는 크기 관계에 대한 것도 설명할 수 있게 된다. 아기들의 관점에서 세상을 고려해보자. 젖병을 어느 한 방향에서 보면, 젖꼭지는 병 전체 길이의 거의 절반을 차지하는 것처럼 보인다.

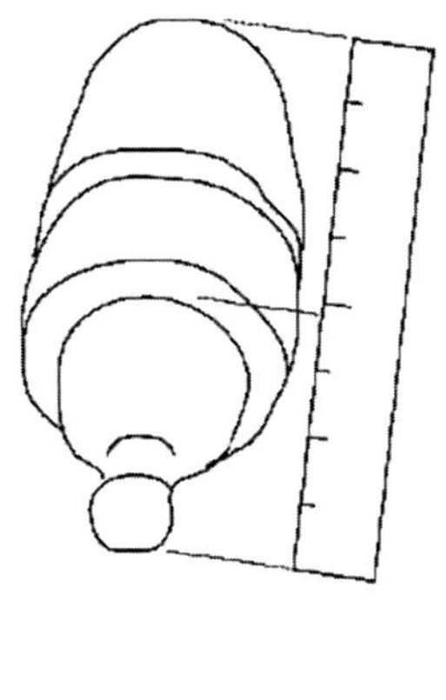

다른 방향에서 보면, 병 전체 길이의 8분의 1보다 조금 더 길 뿐이다.

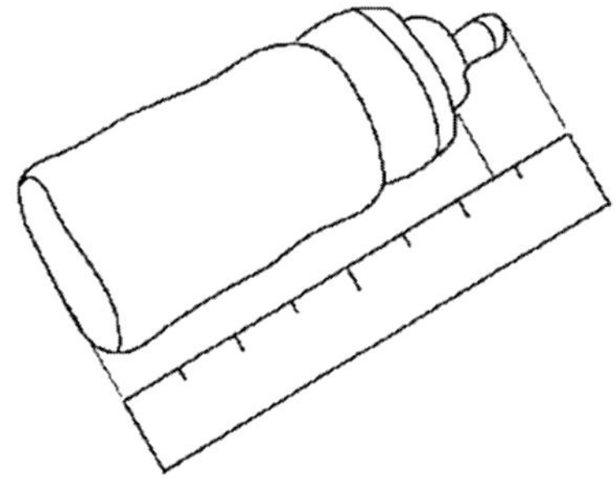

아기들은 또한 특정한 대칭을 인식한다. 한 살짜리 아기들은 물건들을 가방이나 박스에 넣고 빼는 활동을 끊임없이 반복함으로써 안과 밖의 관계를 실험한다. 이와 비슷하게 아기들이 아웅 놀이의 즐거움에 푹 빠진다는 것은 그들이 물건들이 다른 것들의 뒤나 아래에서 나타나고 사라짐에 매료되어 있다는 사실을 반영한다.

아이들은 유치원에 들어가기 전부터 그들이 살고 있는 공간의 구조들을 인식하는 인상적인 체계를 발달한다. 어른들의 도움 없이 추상적인 모양과 크기로 대상을 분류한다. 예컨대, 레고의 매우 작은 사이즈와 사람의 형태가 모호함에도 불구하고-즉, "손"에 손가락이 없어도-어려움 없이 그것을 사람으로 인식한다. 아이들은 또한 형태를 다른 방식으로도 추상화한다. 바닥에 블록을 밀면서 차나 기차인척 할 때, 블록을 오른쪽 방식 보다는 왼쪽 방식으로 들고 있는 경향이 있다.

만약 타워인척 하려했으면, 블록이 전혀 차나 타워 같지 않음에도 위 상황과 반대로 행동했을 것이다. 아이들은 매우 간

단한 모양, 방향과 같은 추상적인 구조를 이해하고 있다.

일부 현대 기하는 구름, 고사리, 피오르드 같은 정교한 모양을 다루는데, 이들도 "기하학적" 모양이다. 그러나 원기둥, 구, 원뿔 같은 더 간단한 모양을 인식하는 것은 예술가들이 신체의 중요한 요소의 원형을 만들 때 도움을 주는데, 예술가들은 레고모양보다 더 실물 같은 신체를 만들기 위해 정제하기 전에 종종 매우 추상적으로 원형을 만들곤 한다.

확실히, 레고 모양을 인식하는 아이도 중요한 신체 구조의 원형을 만들 때 이런 간단한 기하학적 모양을 이해한다.

기하-사실 모든 수학-는 우리가 자연스럽게 하고 있는 행동의 확장일 뿐인데, 그 행동은 구조를 찾기 위해 타고난 성향인 체계화와 정제이다. 우리는 마치 기하학자와 같이 형태, 방향 그리고 위치를 분류하고 측정하는 방법을 찾는다. 또한 모양과 위치의 속성을 찾고, 그들의 사이의 관계를 찾는다. 다음에는 모양 자체에 처음으로 적용했던 모양의 속성들에 대해 같은 생각을 적용함으로써 정교한 다음 수준으로 이동하게 된다. 예를 들어, 일단 매우 친숙한 모양들(예, 직사각형)에서 구체적인 특징들(예, 평행한 변)을 발견하면, 평행한 변을 갖는 *다른* 도형에 대해 생각하게 될 것이다. 그것들이 다른 특징들(평행한 변의 각도와 같은)에 대해 함의하는 바가 무엇인지, 평행선이 다른 선들에 의해 "끊기면" 어떻게 되는지, *모든* 면에 평행선이 있는지 또는 종이 같은 평면에만 있는지 등등에 대해 궁금하게 될 것이다.

교사가 할 일은 어떻게 기하학적 사고방식을 자연이 모든 학생들에게 "무상으로" 준 놀라운 힘을 확장하고 체계화 할 수 있도록 하는지에 대해 잘 이해하는 것이다. 이러한 이해를 지닌 교사들은 학생들의 자연스러운 호기심을 충족시키고, 학생들이 적극적이고 열정적이며 자연스럽게 참여하고 있는 세계에 대한 분석을 정제하도록 도와줄 수 있다.

핵심 아이디어와 필수 이해 확인하기

1장에서는 서로 연관된 4개의 핵심 아이디어와 이를 뒷받침하는 11개의 필수 이해에 초점을 둔다. 핵심 아이디어들은 어린 아이들의 기하학적 관점을 통한 세계에 대한 지각을 강조한다. 필수 이해들은 유아·유치원부터 2학년 교육에서 중요한 기하의 의미와 형태, 목적을 분석하여 각각의 핵심 아이디어들을 발전 및 정제시킨다. 이것들은 교사가 이해해야하고, 학생들의 기하 개념의 개발을 도와줄 때 유연하게 활용할 수 있는 아이디어들이다.

핵심 아이디어와 필수 이해는 간략한 개요를 제공하고 그것들을 다시 참조하는데 편의를 주기 위해 다음과 같이 그룹으로 제시하였다. 지금 읽는다고 해서 완전히 이해할 것이라고는 생각하지 마라. 1장에서는 핵심 아이디어별로 자세히 논의할 것이다.

Big idea

핵심 아이디어 1. 대상 분류하기

분류 체계는 공간이나 대상을 특정 목표 및 의도와 관련된 성질들로 구체화한다.

필수 이해 1a. 수학적 분류는 우리가 "변", "각", "직선"이라고 부르는 것들 또는 수학적 대상을 범주화하여 얻은 다른 특성들을 보다 명확히 함으로써 일상적인 범주화를 확장하고 세련되게 한다.

필수 이해 1b. 같은 대상들의 모임을 다른 방식으로 분류할 수도 있다.

핵심 아이디어 2. 공간을 구조화하고 위치 파악하기

Big idea

기하를 이용하여 공간을 구조화하고 공간에서의 위치를 나타낼 수 있다.

필수 이해 2a. 위치를 나타내기 위해서는 항상 기준점(원점)과 그 점에서의 거리와 방향을 나타내는 (보통 좌표라고 불리는) 정보들을 알아야 한다.

필수 이해 2b. 기하와 측정은 항해 경로나 공간 관계와 같은 실세계의 방향, 경로, 위치를 정확하게 나타낼 수 있다. 기준점과 방향이 주어지면 위치를 수로 나타낼 수 있다.

필수 이해 2c. 기하의 대상들은 우리의 마음에 존재하는 것들이다. 그 대부분은 물리적 세계에 존재하는 것들을 이상화한 것이다.

핵심 아이디어 3. 공간과 대상을 변환하기

Big idea

공간과 대상을 여러 가지 방법으로 변환할 때 변화하는 것과 변화하지 않는 것을 밝힘으로써 공간과 대상에 대한 통찰과 이해를 얻을 수 있다.

필수 이해 3a. 변환을 활용하여 대상의 이상화된 이미지와 그 대상이 공간에 위치하거나 눈에 보이는 방식 사이의 차이점을 표현할 수 있다.

필수 이해 3b. 각각의 변환마다 변하지 않는 특정한 성질들이 있다.

Big idea

핵심 아이디어 4. 기하의 속성을 측정하기

기하의 대상들, 그들 사이의 관계 또는 그들이 점유하고 있는 공간을 분석하고 기술하는 한 가지 방법은 그들이 갖는 하나 또는 그 이상의 속성을 세거나 측정하여 수량화 하는 것이다.

필수 이해 4a. 측정은 길이, 넓이, 부피, 각도와 같은 속성들에 수를 할당함으로써 "얼마나 많은"을 구체화할 수 있다.

필수 이해 4b. 몇몇의 양들은 직접 비교하거나 측정할 수 있고, 다른 양들은 간접적으로 측정할 수 있으며, 그리고 몇몇 대상들의 측정은 다른 측정을 통해 계산된다.

필수 이해 4c. 측정은 다양한 단위로 나타낼 수 있다. 측정에서 단위의 크기와 단위 앞의 수는 서로 역관계에 있다.

필수 이해 4d. 대상들은 측정이 용이하도록 분할하거나 결합할 수 있다.

핵심 아이디어 1

대상 분류하기

Big idea

분류 체계는 공간이나 대상을 특정 목표 및 의도와 관련된 성질들로 구체화한다.

도형을 분류하고 분류한 집합들을 명명하는 것은 일상적이고 간단하게 다뤄지는 활동들-약간 임의적이고, 아마도 멋진 단어를 암기하는 문제-과 밀접한 관련이 있다. 그러나 이것은 전혀 임의적이지 않다. 우리가 분류할 수 있다는 이유만으로 사물들을 분류하는 방법이 개발되지는 않는다. 우리는 대상들을 집단으로 나누는 특정한 방법이 어떤 목적에 유용하다는 것을 먼저 발견하고, 그 후에 분류한 대상들을 명명하고 그 분류 기준을 명확히 하려고 노력한다.

일단 분류는 어떤 공통 특성을 갖는 도형들의 집합을 확인하고 그 특성에 각별히 주의를 기울이게 해 주는데, 이 새로운 지식을 전하는데 유용한 언어가 필요하다. 의사소통의 명확성과 정확성-굳이 전문용어를 사용할 필요는 없는-이 수학적 용어의 목표이다. 특정 단어를 사용하는 이유는 수학자들이 사용하라고 해서가 아니라 우리가 말하는 내용을 분명히 하는데 도움이 되기 때문이다. 이러한 이유로 결국 특정 단어들이 만들어지게 되었다.

기하학적 도형들의 명칭에 관한 논의를 보려면, '6-8학년의 수학을지도하기 위한 기하의 필수이해'(Sinclair, Pimm과 kelin, 2011)를 참고하시오.

예를 들어, 각도에는 모든 크기가 있지만, 그 중 대부분은 특정한 명칭을 가지고 있지 않다. 77°는 특정하게 부르는 명칭이 없고 90°보다 작은 다른 이름 없는 각들과 함께 묶어 부른다. 마찬가지로 136.5°는 90°보다 큰 각도의 범주로 묶어 부른다. 그러나 90°를 *직각*이라는 특별한 명칭으로 부르게 된 이유는 그렇게 불러야 할 중요한 상황들이 매우 많고, 그렇게 부르는 것이 유리하기 때문이다. 그리고 직각은 매우 중요하기 때문에 90°보다 작은 각(*예각*)과 90°보다 큰 각(*둔각*)에 대해서도 알아야 한다. [생각해보기 1.1]은 우리가 "변"에 대해 의사소통하는 방법과 어떻게 더욱 명확하고 정확하게 의사소통할 수 있는지 생각하게 한다.

생각해보기 1.1

직사각형과 같은 2차원 도형에서 "변"은 무엇인가?
직사각형의 "변"에 대한 당신의 생각은 원의 $\frac{1}{4}$인 부채꼴에 어떻게 적용되는가?
직사각형의 "변들"이 직사각형의 "테두리"를 만드는 선분이라면, 정육면체의 "변들"은 어떻게 생각할 것인가?
정육면체모양 방의 "변들"이나 "귀퉁이들"에 대해 이야기한다면 어떤 의미를 가질까?

분류하는 활동은 특성에 집중하게 하여 대상에 대해 알고 있는 것을 확장하고 정제한다. 분류-집단으로 구분하고 그 집단을 명명하는 것-는 겉으로 같아 보이는 대상들을 구별하도록 돕는 추론과 논리 활동이다. 동시에, 겉으로는 관련되어 보이지 않는 대상들의 공통점을 찾는데도 도움을 준다. 광범위한 집단들의 명칭과 그 집단 내에서 세분화된 하위 집단의 명칭들은 의사소통하기 쉽게 해 준다. 분류하기와 명명하기는 유용하다!

1) 대상을 정확하게 명시하기

■ **필수 이해 1a.** 수학적 분류는 우리가 “변”, “각”, “직선”이라고 부르는 것들 또는 수학적 대상을 범주화하여 얻은 다른 특성들을 보다 명확히 함으로써 일상적인 범주화를 확장하고 세련되게 한다.

분류와 정의는 밀접한 관련이 있다. 대상들의 모임을 분류하는 방법의 정확한 설명은 그 모임에 대한 대상들의 정의를 알려준다. 처음에는 예시에 대해 이야기하는 것으로부터 대략적인 감을 얻는 경험부터 하고, 그 다음에는 그것을 정확히 하려 한다. 먼저, 삼각형을 세 변과 세 각을 가진 평면(평평한)도형이라고 생각한다. 동시에, 이러한 분류는 아래 그림과 같은 것들을 포함하기 때문에 충분하지 않다는 것을 깨닫는다.

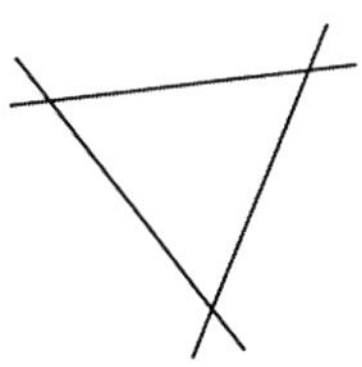

따라서 정의를 더 자세히 해야 한다. [생각해보기 1.2]는 [그림 1.1]에 제시된 교과서 그림에서 어떤 것이 삼각형인지 생각할 기회를 준다.

생각해보기 1.2

[그림 1.1]에 제시된 연습문제는 흔한 초등수준의 자료이다. “삼각형 모양의 그림들에 동그라미를 그려라.”라는 지시가 있을 것이다. 동그라미를 한 예시로 옷걸이가 주어졌고, 학생들은 동그라미를 6개 더 그렸다. 여러분은 이 그림들 중 어느 그림에 동그라미를 그릴 것인가?

[그림 1.1] 아동을 위한 삼각형에 대한 전형적인 교과서 과제

당연하게도, 대부분의 사람들은 아이들이 한 것에 동의할 것이다. 아이들이 한 것은 출제자의 의도를 맞춘 것이다. 예술가들은 스케치를 빨리할 때 이와 같은 "사물 보기"를 이용한다. 예를 들어, 팔은 원기둥모양, 얼굴은 길쭉한 구모양, 반쪽짜리 샌드위치는 거의 삼각형이다. 그러나 이러한 활동의 목적이 삼각형의 개념을 적용하는 것이 아니라 *구성*하는 것이거나 삼각형의 중요한 특징을 인식하는데 도움을 주기 위한 것이라면, 악영향을 끼칠 수 있다. 삼각형은 세 개의 곧은 변을 가지지만 샌드위치는 한 변만이 곧은 선이다. 삼각형은 ('삼각형'의 뜻인) 세 각을 가지지만 옷걸이와 악기 트라이앵글의 모퉁이는 동굴어서 각이 없다. (또한 트라이앵글은 닫혀있지도 않다.) 나

아가, 실제의 모든 사물들은 3차원이기 때문에 2차원의 도형은 우리의 상상력에서 나온다.-실세계의 수학적 이상화이지 우리가 잡거나 볼 수 있는 물리적인 사물이 아니다. 실제로, 장난감 블록과 텐트는 3차원적 요소를 매우 강조하기 위해 그려서 삼각형의 예로는 부족하고 오도하게 할 가능성이 있다. 그것들을 "삼각형"이라고 부르는 것은 구나 공을 "원"이라고 부르는 것과 마찬가지이다.

물론 우리는 유치원생들에게 시시콜콜 따지지는 않는다. 만약 그들이 공 모양을 묘사할 때 "원"이라고 말하더라도, 벌을 주거나 "구"라고 말하도록 간섭하지 않는다. 그들은 모양의 중요한 특징을 바르게 인식하고 더불어 그 특징을 위해 정확한 명칭도 사용한다. 이와 유사하게, 실제로 삼각형이 아닌 물건들에서 삼각형의 모양을 인식한다면, 괜찮을 뿐만 아니라 매우 훌륭한 결과이다.

그러나 우리-교사와 교과서 집필자들-는 모호하거나 부정확한 아이디어를 생성하는 예시나 설명으로 교육해서는 안 된다. 물론 수학은 도형이나 수와 같은 내용에 관심이 있다. 그러나 그 핵심은 그러한 삼각형의 "예시들"에는 반영되지 않은 추론과 사고의 정확성이다. 우리가 삼각형에 대한 느슨한 설명을 허용한다면, 수학이 권하는 정확성을 잃게 된다.

예를 들어, "삼각형" 모양이 두 개의 곧은 변과 "굽은 부분"이 있다면, 측정한 각도가 반드시 180도가 되지는 않는다. 이것이 삼각형의 정의가 왜 세 변을 언급하고, *변*의 정의가 (곧은) 선분인 이유이다. 일단 정의가 명확해지면, 평면 위의 삼각형에서 발견한 것들-삼각형의 세 각의 합, 또는 어떤 두 변의 길이의 합은 나머지 한 변의 길이보다 더 크다는 사실 등-이 어떤 것이든 모든 평면의 삼각형에도 적용된다는 것을 확신할 수 있다. 이와 유사하게, 일단 정사각형이 직사각형과 마름모가 되도록 *정사각형, 직사각형, 마름모*를 정의하면, 직사각형(예를 들어, 대각선의 길이가 같다는 것)이나 마름모(예를 들어, 대각선이 서로 수직으로 만나는 것)에 대해 증명된 것은 정사각형에도 무조건 적용되는 것을 알게 된다.

명확히 하기 위해, 다른 단어 또한 분명히 해야 한다. 예를 들어, 다각형(모든 변이 직선인 닫힌 도형)의 변은 직선이어야 한다. 이것이 무슨 뜻인가? 사람들은 빌딩의 "변"을 "직선"이라고 말하지만, 이 상황에서의 "변"과 "직선"은 다각형에서 쓰이는 의미와 조금 다르다. 사람들은 "straight"를 진실함, 몸가까이에 붙어있는 옷, 연속된 시간("4연속 우승" 혹은 "곧장 집으로") 등등의 의미로 사용하기도 한다. [생각해보기 1.3]은 기하에서 "straight"의 의미에 대해 탐구하도록 한다.

생각해보기 1.3

기하에서 "straight"가 의미하는 바를 어떻게 정확하게 설명할 수 있는가?
그 의견을 최소 두 가지 방법으로 표현하여라.

"Straight"는 두 지점의 가장 짧은 거리나 휘거나 굽은 것 없이 같은 방향으로 연장되는 것으로 정의되기도 한다. 보통 우리가 평면에서 생각하는 속성은 이러한 의미를 갖는다. 그러나 다음 상황을 생각해 보자. 수천 마일의 광대한 평원을 직선으로 운전할 수 있겠는가? 만약 그 평원이 지구 전체를 덮고 있다면, 또 지구가 완전한 구모양이라면, 운전을 직선으로 꽤 하고 나서는 다시 시작한 곳으로 되돌아가게 될 것이다. 그러나 우리는 지구의 곡면 위에서의 그 경로를 "straight"라고 말한다. 평면 위에서 출발점으로 되돌아가는 어떤 경로도 직선일 수 없다.

이것은 우리가 논의하고 있는 삼각형이 평면에 있다고 지정한 이유 중의 하나이다. 명확성은 필수적이다.

이 논의는 이상화의 개념을 되짚어보게 한다. 아래와 그림과 같이 밑변이 수평인 이등변삼각형을 보여주는 것은 유용한 이상화가 될 수 있다.

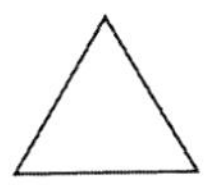

그러나 다양한 예시들 없이 이상화의 폭을 파악할 수는 없다. 먼저 삼각형의 정의를 명확히 알고 있으면, 아래와 같은 다양한 예시들에 적용하여 정의할 속성(세 변을 갖는 다각형)이 무엇인지, 정의하지 않아도 되는 속성(예를 들어, 밑변이 수평이 아니어도 됨, 변의 길이가 달라도 됨)은 무엇인지 파악할 수 있다.

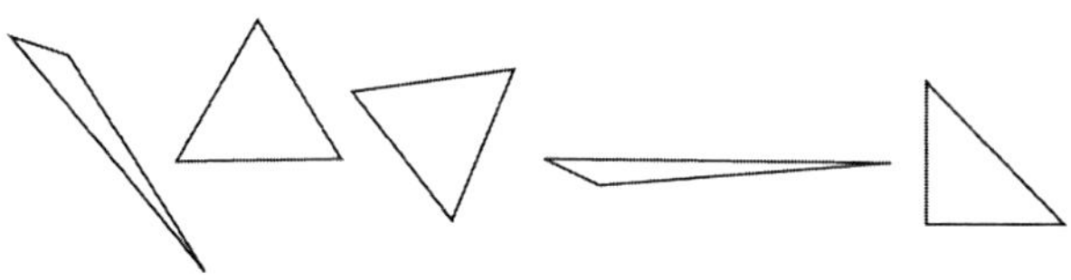

이것을 잘하기 위해서, *예시가 아닌 것*도 필요하다. 아기가 "강아지"를 처음 봤을 때는 고양이를 포함한 털로 덮힌 작은 것을 "강아지"로 일반화하는 게 보통이다. 비슷하게, 아마 모든 뾰족한 도형들은 "삼각형"이다! 다른 도형들을 보고 명명하는 것이 조금 도움이 될 것이다. 한 예로, 다음 두 도형을 "정사각형"이라고 부르면, 적어도 일부 뾰족한 것들은 삼각형이라 부르지 못한다.

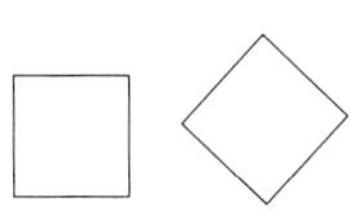

이것이 조금 도움이 될지라도 충분하지는 않다. 학생들은 언젠가는 이러한 정사각형을 "직사각형"이라고도 부를 수 있음을 알게 되고, 아마 "삼각형"이라고 부를 수 있을지도 모른다. 학생들이 필수적인 특징들에 관심을 갖기 시작하도록 하기 위해 "근접한 예시"-*거의* 맞지만 완전한 특징은 아닌 예시-가 필요하다. 이 과정은 사실 이상화의 목적과 충돌된다. 만약 문을

직사각형이라고 식별할 때 흠과 굽힌 자국을 무시해야한다면, 다음과 같이 "삼각형"의 꼭짓점을 약간 벗어난 선도 무시해야 하는가?

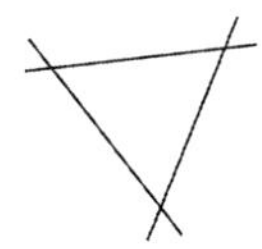

때에 따라 다르다. 만약 예술적 목적이나 건축도표의 부분으로 스케치하기 위해 도형을 묘사한다면, "삼각형"으로 봐도 무방하다. 만약 수학을 하기 위한 것-즉, 믿을만한 결론을 내릴 수 있도록 성질들을 분석하는 것-이라면, 이것은 사실 삼각형이 아닌데, 이유는 변들이 완벽하게 만나지 않기 때문이다.

우리는 아래 그림들을 장식이 있거나 변형된 삼각형으로 이상화할 수 있지만, 이들 중 실제 삼각형은 없다(이들 중 몇몇의 일부분은 맞지만).

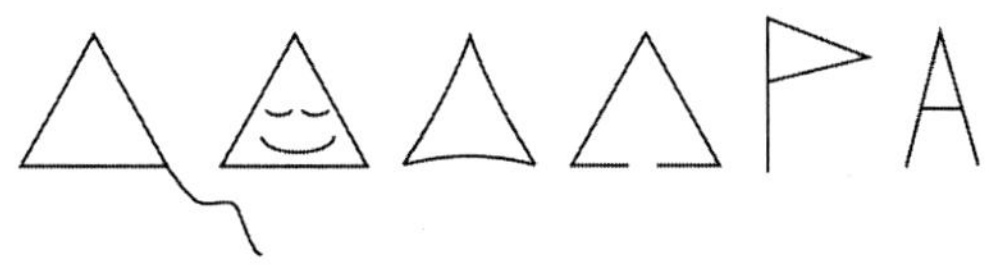

[생각해보기 1.4]를 통해 삼각형의 예와 비예의 성질들을 고려해 보자.

생각해보기 1.4

다음의 삼각형인 그림과 삼각형이 아닌 그림을 이용하고,

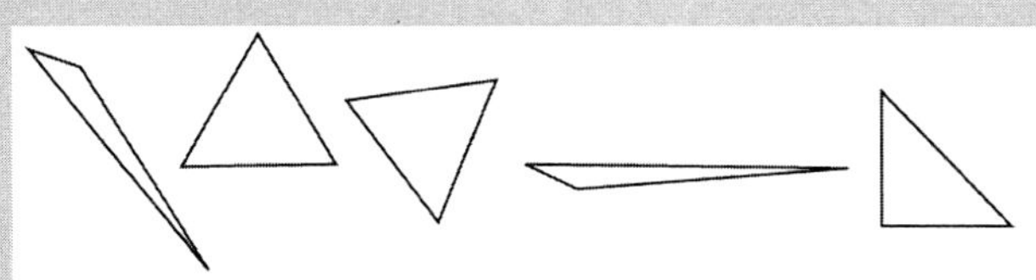

삼각형인 그림

삼각형이 아닌 그림

사전에 배운 지식을 최대한 사용하지 않고, 무엇이 "삼각형"이고 아닌지에 대해 *추상화*할 수 있는 것은 무엇인가? 즉, "삼각형"이라고 불리는 다섯 개의 그림에서는 해당되지만 "삼각형이 아닌" 여덟 개의 그림에는 적용되지 않는 사실은 무엇인가? 그리고 다음의 그림들 중 삼각형인 것을 이 정보들을 이용해서 어떻게 설명할 것인가?

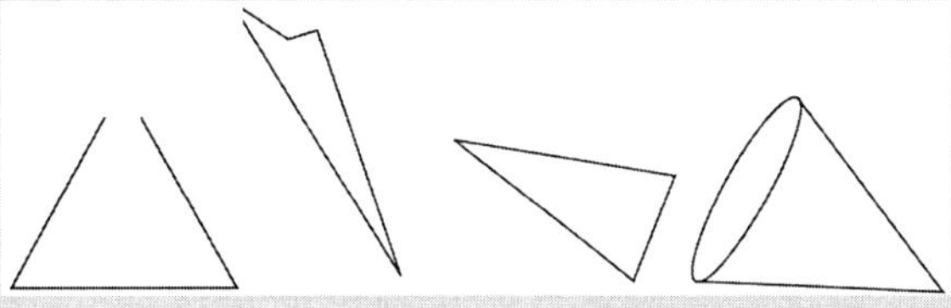

2) 대상을 다양한 방법으로 분류하기

■ **필수 이해 1b.** 같은 대상들의 모임을 다른 방식으로 분류할 수도 있다.

만약 누군가 길을 분류하라고 묻는다면, 상황에 따라 "직선"인지 "직선이 아닌지"로 분류할 것이다. 마찬가지로, 도형도 다양한 방법으로 분류할 수 있다. [그림 1.2]에 제시된 도형들을 고려해보자. [그림 1.3]은 이 도형들을 분류한 후 같은 모양끼리는 표 안에 나머지는 표 아래에 정리한 것이다. 도형을 분류하는 한 가지 방법은 [생각해보기 1.5]의 탐구처럼 공통점이 있는 것끼리 범주화하여 분류하는 것이다.

[그림 1.2] 도형들의 모임

생각해보기 1.5

[그림 1.3]은 [그림 1.2]의 도형들을 분류하여 표로 다시 나타낸 것이다. 표 안의 도형들을 어떻게 부를 것인가? 표 아래에 있는 도형들 중 어떤 것을 표 안에 넣을 수 있는가? 도형들을 분류한 방법이 타당한지를 어떻게 보여줄 것인가?

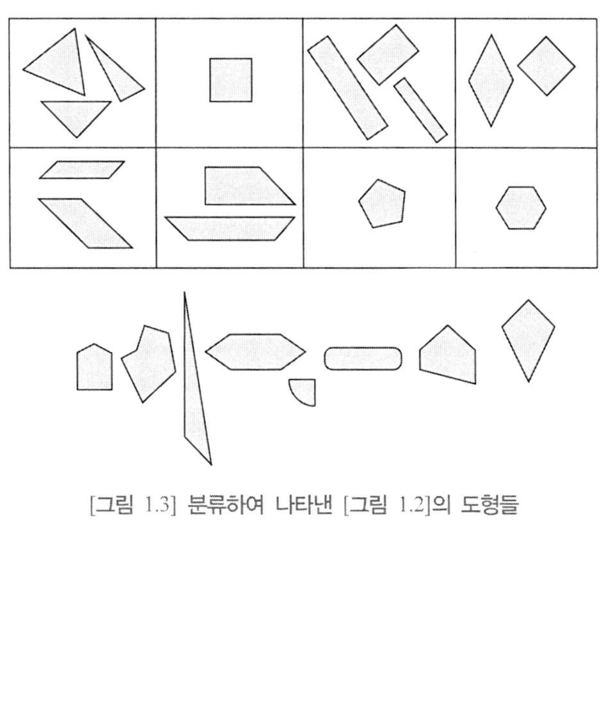

[그림 1.3] 분류하여 나타낸 [그림 1.2]의 도형들

도형을 분류하는 다른 방법은 하나의 분명한 속성을 선택하는 것이다. 예를 들어, 변의 개수는 [그림 1.4]의 분류에서 사용된 속성이고, 이 속성이 적용되지 않는 나머지 도형들은 맨 아래에 두었다. 새로운 기준으로 대상을 재분류하는 것은 우리가 이용했던 것 이상을 요구하고, 우리의 추론이 더 높은 수준의 추상화로 재구성되는 것을 필요로 한다. 적절한 목적이 있다면, [그림 1.5]와 같이 한 개 이상의 직각이 있는지에 따라 재분류할 수 있다.

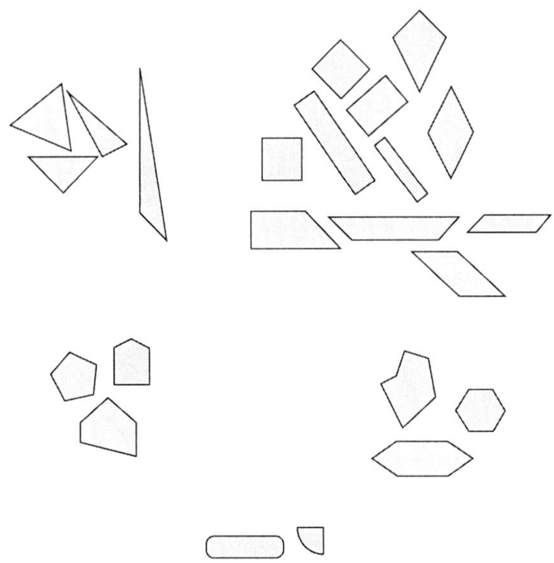

[그림 1.4] 변의 개수에 따라 분류한 [그림 1.2]의 도형들

[그림 1.5] 한 개 이상의 직각이 있는지에 따라 분류한 [그림 1.2]의 도형들

이 활동은 그러한 속성들과 그것들이 무엇을 의미하는지 조사하는 방법이다. 아이들을 위해 직사각형을 묘사하는 대표적인 방법은 직사각형이 "두 개의 긴 변과 두 개의 짧은 변"을 가진다고 하는 것이다. [그림 1.6]은 그러한 기준을 이용하여 도형을 분류한 것이다. 두 개의 긴 변과 두 개의 짧은 변을 가진 도형은 위쪽에 있다.

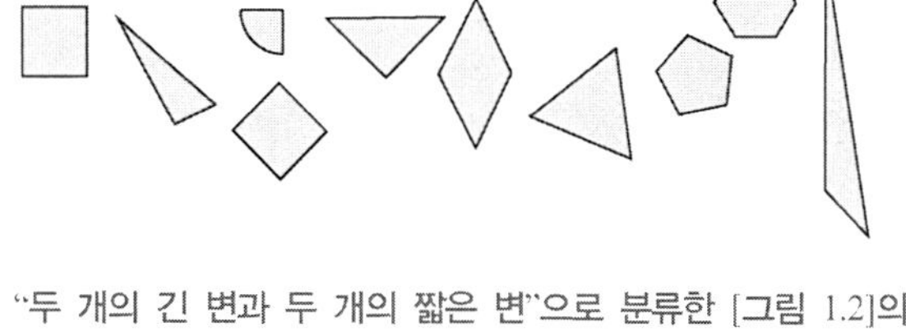

[그림 1.6] "두 개의 긴 변과 두 개의 짧은 변"으로 분류한 [그림 1.2]의 도형들

음. 이것은 우리가 원한 것이 아니다. 도형들 중 일부는 두 개의 긴 변과 두 개의 짧은 변을 가졌지만 다른 부분 또한 마찬가지이다. 어쩌면 "*정확히* 두 개의 긴 변과 두 개의 짧은

변"이라고 말했어야 한다. [그림 1.7]은 이에 따른 결과이다.

[그림 1.7] "*정확히* 두 개의 긴 변과 두 개의 짧은 변"으로 분류한 [그림 1.2]의 도형들

좀 더 나은 결과이지만 여전히 원하던 모습이 아니다. 당연하다! "정확히 *길이가 같은* 두 개의 긴 변과 *길이가 같은* 두 개의 짧은 변"이라고 말했어야 한다. 이렇게 바꾸어 분류한 결과는 [그림 1.8]과 같다. [생각해보기 1.6]은 이 분류를 더 깊이 탐구하도록 한다.

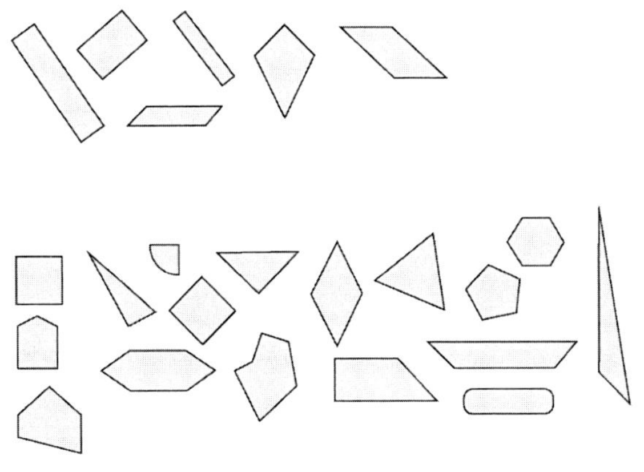

[그림 1.8] "정확히 ***길이가 같은*** 두 개의 긴 변과 ***길이가 같은*** 두 개의 짧은 변"으로 분류한 [그림 1.2]의 도형들

생각해보기 1.6

[그림 1.8]의 분류에서 우리의 조건(정확히 길이가 같은 두 개의 긴 변과 길이가 같은 두 개의 짧은 변)을 충족하는 도형들 중 *직사각형*이라고 생각하지 않는 도형들이 포함되어 있다. 이것들은 모두 직사각형인가 아닌가? 직사각형의 기준에 어떤 조건이 바뀔 필요성이 있는가?

직사각형의 일반적인 표현인 "정확히 *길이가 같은* 두 개의 긴 변과 *길이가 같은* 두 개의 짧은 변"이 여전히 불충분하여 직사각형의 *정의*가 아님을 주목하자. [그림 1.9]에서 보다시피, 위쪽에 있는 대상들은 모두 *직사각형*들이라고 생각하는 것들이다.

[그림 1.9] 기준에 "모든 각이 직각"을 추가하여 분류한 [그림 1.2]의 도형들

그러나 나머지 대상들을 살펴보자. 수학자들은 "*직사각형의 중요한 특징들을 가지고 있는 정사각형*은 왜 빠뜨렸는가?"라고 물어볼 수 있다. 정사각형이 가장 처음의 정의였던 '두 개의 긴 변과 두 개의 짧은 변'이라는 성질에 맞지 않다는 점을 들어 반박한다. 그것이 수학적으로 중요한가? 왜? 그것이 직사각형의 다른 유용한 성질을 생성하는 데 도움이 되었는가? 아니다. 변의 길이에 대한 처음 생각을 다시 생각하게 될 것이고 정사각형을 직사각형으로 포함하여 선택할 것이다. 마치 독일

개 셰퍼드가 "개"의 모든 특징을 가지고 있지만 일부 부가적인 특징을 더 가지고 있는 것처럼, 정사각형 또한 특별한 유형이지 완전히 다른 종류는 아니다.

이러한 포괄적인 분류에는 힘이 있다. 일단 바센지가 개라는 것을 알고 나면, 바센지의 특별한 특징(예를 들어, 요들을 부르는 것처럼 목소리를 내는 것)은 모르지만, 바센지에 대해 많은 것(예를 들어, 가정에서 키우는 육식 포유류이고, 주로 긴 주둥이를 가졌으며, 후각이 예민하고 짖거나 우는 목소리를 낸다)을 안다. 비슷하게, 우리가 알고 있듯이, 일단 정사각형이 직사각형의 특별한 유형이라는 것을 알고 나면, 직사각형의 모든 성질이 모든 정사각형에 적용된다. 분류는 종종 위계를 수반한다. 이것이 [생각해보기 1.7]의 핵심이다.

생각해보기 1.7

아이들에게(실은 어른들에게도) 정사각형과 직사각형을 *분리된* 범주로 다루는 것은 흔한 경우이지만, 정사각형은 모두 직사각형이다. 물론 직사각형이 모두 정사각형인 것은 아니고, 이것은 다음과 같은 위계를 갖는다. 직사각형은 정사각형보다 더 넓은 범주이고, 정사각형은 직사각형의 특별한 유형이다.

기하학이나 수학이 아닌 것에서, *'A는 모두 B이지만, B는 모두 A가 아닌 것'*의 다른 예시를 찾아라.

정확하고 포괄적으로 기하학적 모양을 분류하는 것은 유용하다. [그림 1.10]은 초등학교 기하학에서 배웠던 가장 일반적인 성질에 기초한 사각형의 분류 체계이다. [그림 1.11]은 삼각형의 분류 체계이다. [생각해보기 1.8]은 [그림 1.10]의 분류 체계에 대한 해석이다.

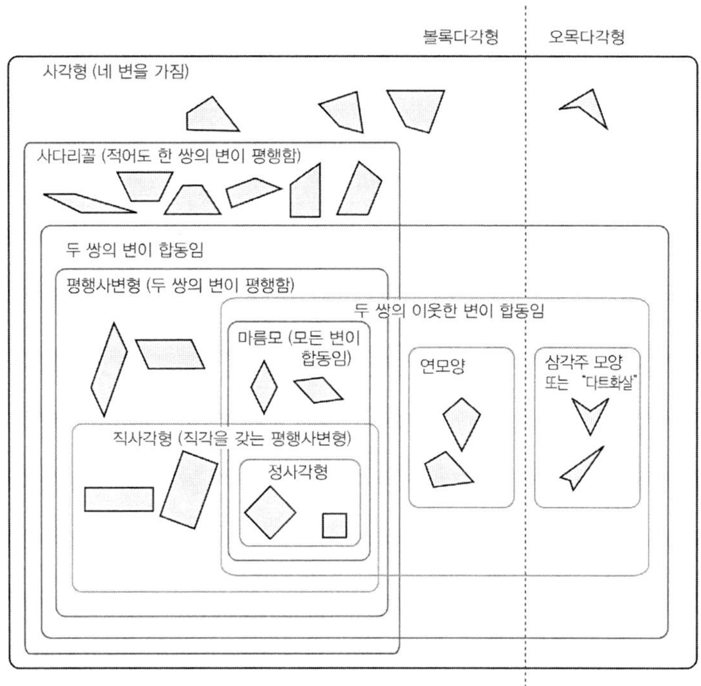

[그림 1.10] 사각형의 벤 다이어그램

생각해보기 1.8

[그림 1.10]은 사각형의 분류를 벤다이어그램으로 나타낸 것이다.
정사각형이 직사각형의 특별한 유형인 것을 어떻게 보여주는가?
어떤 분류(분류들)가 직사각형의 유형인가?
그러한 분류를 하게 되는 특징들은 무엇인가?
그 분류(직사각형)에서 특별한 부분(정사각형)을 분류하는 특징들은 무엇인가?

[그림 1.10]에서 대부분의 범주가 완전히 분리되어 있는 것이 아닌 서로 엮여있는 점을 주목하자. 특히, 사다리꼴이 *오직*

한 쌍의 평행한 변을 가진 것으로 분류되지 않고, *적어도* 한 쌍의 평행한 변을 가진 것으로 분류되어 있다. 따라서 평행사변형은 “특별한 사다리꼴”이다. 즉, 평행사변형은 사다리꼴의 모든 기준을 충족하고 다른 성질을 더 가지고 있다.

정사각형은 가장 특수성을 띤 도형이다. 정사각형은 적어도 한 쌍의 평행한 변-실은 두 쌍의 평행한 변-을 가지고, 모든 변의 길이가 같으며(완벽하게 일치하며), 모든 각이 직각이다. 아이들은 도형의 명칭을 모두 배우지 않아도 되지만, 이렇게 분류한다는 생각이 중요하고, 수학을 넘어 그 이상으로 확장된다.

[그림 1.11]은 삼각형을 분류한 벤다이어그램이다. 그리고 [생각해보기 1.9]는 삼각형의 유형과 연관된 명칭에 대한 구조와 중요성을 생각해보게 한다.

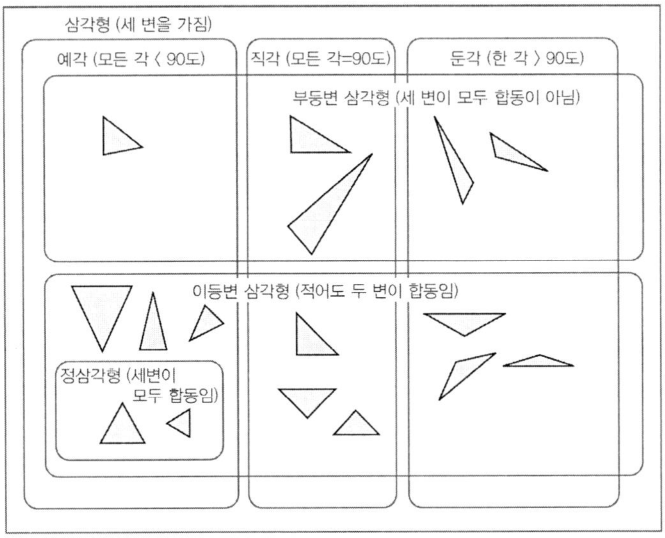

[그림 1.11] 삼각형의 벤다이어그램

생각해보기 1.9

[그림 1.11]은 삼각형을 변의 길이가 같은지와 각의 크기로 분류하였다. 이 분류가 적절한가?
모든 각이 예각-0°보다 크고 90°보다 작은 각-이면 그 삼각형을 "예각삼각형"이라고 부른다. 그렇다면 오직 *한* 각만 둔각-90°보다 크고 180°보다 작은 각-인 삼각형을 왜 "둔각삼각형"이라고 부르는가? 우리는 왜 세 각 모두 또는 두 개 이상의 각이 둔각이어야 한다고 요구하지 않을까?

두 벤다이어그램의 분류는 많은 구조를 가지고 있다. 삼각형과 사각형 모두 대상을 구별하는 특정한 특성이 있는데, 그것은 주로 그 특성을 *가졌는지, 가지지 않았는지*의 두 가지로 분류한다. 삼각형의 경우, "직각의 유무"에 대한 특성은 삼각형을 직각삼각형과 아닌 것의 두 가지 분류로 나눈다. 그러나 직각삼각형이 아닌 것을 다시 예각삼각형과 둔각삼각형으로 세분화하는 것은 유용하다. 분류는 일종의 분할 구분 방법으로 대상을 추론하는데 도움을 준다. 우리는 모든 사각형에 참인 것을 생각하는 것이 처음에는 매우 어렵다는 점 그리고 사각형이 너무 다양하기 때문에 우리가 말할 수 있는 것에 한계가 있다는 점을 알게 된다.

분류는 또한 기하학적 모양과 같은 수학적 대상에 대해 정확하게 의사소통 하도록 도와준다. 수학적 분류는 표면적으로는 같아 보이는 대상들의 차이점을 찾게 해주고, 관련 없어 보이는 것들 사이의 공통점을 찾게 해준다. 분류는 "모든 평행사변형의 대각선은 서로를 이등분하고, 정사각형은 평행사변형의 특별한 유형이기 때문에 모든 정사각형의 대각선도 서로를 이등분한다."와 같은 추론을 하는데 도움을 준다.

핵심 아이디어 2

공간을 구조화하고 위치 파악하기

기하를 이용하여 공간을 구조화하고 공간에서의 위치를 나타낼 수 있다. Big idea

아이들은 측정 절차를 잘 모르고 있을지라도, 어린 시기부터 위치와 거리 둘 모두에 민감하다. 모양과 크기 사이의 관계를 비롯하여 공간적 관계가 중요하다. 둘 중 어느 것이 더 큰지 눈으로 보고 알 수 없을 때, 예를 들어, 나무가 얼마나 자랐는지 알고 싶을 때, 대상을 측정한다. 또는 줄이 얼마나 긴지 알고자 할 때, 위도와 경도 같은 좌표에서 지역이나 세계 지도를 그리고자 할 때, 거리를 측정한다.

취학전 아이들은 집에서 정기적으로 키를 측정하여 왔고, 다른 아이들과 비교하여 자를 사용하여 잴 수도 있을 것이다. 어느 곳이든지 어느 방향이든지 간단하게 '7인치' 또는 그냥 '7'이라고 말한다. 아이들은 키를 말할 때, '7피트' 또는 '7파운드'라고 말하기는 하지만 '7개 책'이라고 말하지는 않는다. 따라서 아이들이 측정 단위를 아직 배우지 않았을지라도, 측정 용어에 대한 범주를 가지고 있다. 하지만 수를 말하더라도, 그 수가 무엇을 뜻하는지 혹은 어떻게 측정 도구를 사용하여 그 수를 구했는지를 반드시 생각하는 것은 아니다.

거리에 대한 아이들의 '측정'은 유사하다. 삼촌의 집은 옆집보다 멀리 있다는 관념은 있지만, 측정 단위에 대한 초기 관념은 '10마일'일 수도 있고 '10분보다 더 걸린다'일 수도 있다. 거리의 측정은 하나의 대상이 다른 대상과 관계가 있는 곳을 찾도록 도와주는 과정으로서, 핵심 아이디어 2에 대한 논의로 시작해보자.

1) 위치를 묘사하기

■ **필수 이해 2a.** 위치를 나타내려면 기준점(원점)과 그 점에서 거리와 방향을 나타내는 (종종 좌표라고 불리는) 정보들을 알아야 한다.

"자의 끝을 맞추도록 ……" 가르치려는 배후에 깔린 아이디어는 핵심적인 아이디어이지만, 측정 이상의 것에 관한 것이다. 대상의 위치를 공간에서 구체화하려면, 기준점, (종종 원점이라고 부르는) 알려진 곳, 방향에 대한 정보, 만약 더 정확하다면 원점에서 그 위치까지의 거리 등을 가지고 시작해야 한다. 예를 들면, "우리가 찾고 있는 것은 네 아래에 있다.", "내 자동차 앞에 세 번째 자동차", "참나무에서 동쪽으로 20걸음 가서 12피드 아래로" 등에서 대상은 어디에 있는가이다. [생각해보기 1.10]은 위치, 자동차, 참나무 등의 예를 보다 더 형식적으로 살펴볼 수 있도록 도와준다.

생각해보기 1.10

아래 각각을 생각해 봅시다.

- 너의 접시 깔개 아래를 찾아보시오.
- 나의 자동차 앞으로 세 번째 자동차를 찾아보시오.
- 참나무에서 동쪽으로 20걸음 가고 12피트 아래를 찾아보시오.

각각에서 원점, 방향, 거리를 나타내는 낱말은 어떤 것입니까?

주의: 만약 충분히 정확하게 방향을 나타내려면, 참나무 기준에서 땅에 묻힌 보물까지 단지 하나의 거리를 정할 수 있습니다. 어떻게 정할 수 있겠습니까?

신발의 길이를 측정하려면 신발의 '원점'(발꿈치의 가장 끝)과 자의 '원점'(만약 자의 끝에 여분이 있다면, '0'이라고 표시된 곳)을 맞추어야 한다. 원점(발꿈치의 가장 끝)에서 신발의 다른 끝까지 방향을 맞추어서 자를 일직선으로 놓는다. 사용하는 자의 단위가 무엇이든지, 발가락 끝의 위치를 나타내는 수가 그 길이이다.

수직선은 원점 0에서 양쪽 방향으로 가는 일종의 자이다. 수는 원점으로부터 양쪽 방향으로 거리를 나타내고, 관례적으로 양수는 오른쪽으로 간 거리를 말한다. 원점으로부터 오른쪽 방향으로 정확히 절반 단위 (거리)에 있는 수는 ½이다. 원점으로부터 왼쪽으로 2단위에 있는 수는 −2이다. '-2'라는 기호는 양쪽 거리 (2)와 0으로부터 방향 (-)를 나타낸다. 또한 ½과 3 사이의 거리도 '측정'할 수 있다. 0과 3사이의 거리는 3단위이다. 1과 3사이의 거리는 2단위이고, ½과 3사이의 거리는 2½ 단위이다. 어느 위치라도 다른 수와 관련하여 어떤 수로 나타낼 수 있고, 이것을 학생들이 풀 수 있는 흥미로운 퍼즐로 아래와 같이 제시할 수 있다.

> "나는 수예요. 나는 7에서 정확하게 3단위 떨어져 있어요. 나는 누구일까요?"
>
> > **"글쎄요. …… 아직 잘 모르겠어요. 7에서 어느 방향입니까?"**
>
> "오른쪽입니다."
>
> > **"예! 좋습니다. 이제 알았습니다."**

이러한 수 퍼즐은 거리와 출발점은 물론이고, 방향을 알 때까지 유일한 답이 없다. 실생활에서 위치를 나타내거나 주변의 이동을 나타내려면, 수직선이나 자 위에서 상대적인 위치를 알아야 한다.

2) 실세계의 위치를 나타내기

■ **필수 이해 2b.** 기하와 측정은 항해 경로나 공간적 관계와 같은 실세계의 방향, 경로, 위치를 정확하게 나타낼 수 있다. 기준점과 방향이 주어지면 위치를 수로 나타낼 수 있다.

기하의 대상은 그 측정과 함께 위치, 방향, 좌표 등을 분석할 수 있는 구조를 제공한다. 직선에서 점의 위치를 나타내려면, 출발점(원점), 그 원점으로부터 직선을 따르는 방향, 측도 등이 필요하다. 이 아이디어는 실생활 상황에 대하여 이야기 할 때도 종종 사용된다. 예를 들면, 식당의 긴 테이블에서 어떤 친구의 왼쪽으로 두 좌석만큼 간 곳에 앉는다. 어떤 친구의 자리는 기준점이고, '왼쪽'은 방향이고, '두 좌석만큼'은 측도이다.

하나의 직선을 따라서 놓인 것을 말할 때, 기준점과 측도가 잘 작용된다. 그러나 대부분의 많은 장소는 위치를 묘사하려면 더 많은 것이 필요하다. 예를 들어, 강당에서 특정한 자리를 나타낸다면 그 자리가 있는 구역은 앞의 왼쪽 가장자리에서 시작하여 넷째 줄의 일곱째 자리를 표시한다고 할 수 있다. 가장자리는 여기에서의 기준점이지만, 위치를 나타내려면 이제 방향에 따라 두 가지 측도가 각각 필요하다. 물론 시작점을 왼쪽 뒤 가장자리로 정하는 것과 같이, 몇 가지 선택이 가능하다. 수학적으로 말한다면 식당의 긴 테이블에서 자리를 정하는 것은 직선에서 수를 표시하는 것과 같고, 강당에서 자리를 정하는 것은 평면에서 점을 표시하는 것과 같다.

지도를 가지고 활동하는 것은 전형적으로 평면 위에 점을 표시하는 것을 포함한다. 지도를 가지고 활동할 때, 아래의 네 가지 질문을 포함할 수 있다.

- 어느 쪽으로 있는가? (방향)
- 얼마나 멀리 있는가? (거리)

- 어디에 있는가? (위치)
- 어떤 대상들인가? (확인)

위의 질문에 답하려면 추상화, 일반화, 기호화 등의 과정이 필요하다. 어떤 지도는 비행기 그림으로 공항을 나타내는 것과 같이 아이콘을 기호로 사용하고, 다른 어떤 지도는 원모양으로 도시를 나타내는 것과 같이 보다 더 추상적이다. 또한 어떤 지도에서는 'D4구역'에 공원을 나타내는 것과 같이, 사용자가 찾기 쉽도록 정사각형을 배열한 격자 모눈을 사용한다. 공원을 찾으려면, 세로줄(열)에 'D'라고 표시되고 가로줄(행)에 '4'로 표시된 곳을 찾는다. 세로와 가로가 교차된 칸은 공원이 있는 정사각형 구역을 말한다.

지도상에서 D4 구역에 있는 공원을 찾으려면, 2차원 공간을 나타내는 핵심적 방법인 직사각형 배열 구조를 사용한다. 직사각형 배열을 이해하려면 필수 이해 3b와 관련지어 논의하여야 한다.

평면 위의 점의 위치를 나타내려면 여전히 하나의 시작점(원점)이 필요하지만, 이제 선택할 수 있다. 만약 (나침반 방향으로 북동쪽 30도와 같이) 정확한 방향을 나타낼 수 있다면, 그 원점에서 하나의 거리로 나타낼 수 있다. 그러나 지도상에서 D4구역에 있는 공원과 같은 경우, 각 직선의 원점(0)에서 서로 직교하는 두 직선을 주로 사용하고, 동서와 남북의 두 방향과 각 방향에 따른 각 거리로 나타낸다.

그러나 방 안에서 파리의 위치를 나타내려면, 세 가지 차원(세 개의 축)이 필요하다. 예를 들면 파리는 칠판 쪽 벽에서, 창문 쪽 벽에서, 바닥에서 얼마나 떨어져 있는지 나타내야 한다.

다른 여러 차원에서 위치를 전달하려면 수를 사용할 수 있다. 하나의 차원에 대하여 하나의 수가 필요하다. 예를 들면, (수직선에서와 같이) 선을 따라 한 점의 위치를 결정하는데 하나의 수가 필요하다. 2차원에서 점의 위치를 나타내려면 두 수가 필요하고, 3차원에서는 세 수가 필요하다.

먼저 1차원 공간에서, 그 다음 2차원 공간에서 겪은 매우 기본적인 경험들은 3차원 공간에서 축이 사용된다는 것뿐만이 아니라, 그 밖에도 다른 종류의 축이 사용될 수 있음을 예고해

준다. 예를 들면 위도와 경도는 지구의 표면에서 위치를 나타내는 좌표계를 제공한다. 경도와 위도 각 쌍은 두 개의 '선'이 (지구 표면 위에서 두 개의 원이) 만나는 점을 나타낸다. 두 수직선은 단위를 더 작게 할수록 동시에 더 가깝게 만들 수 있기 때문에 경도와 위도는 필요한 만큼 더 정교하게 할 수 있다. 예를 들어 에베레스트 산의 위치는 도 단위를 사용하여 (28°N 87°E) 대강 어림할 수 있지만, $\frac{1}{60}$도인 분 단위를 사용하여 (27°59′N 86°57′E) 더욱 정교하게 할 수 있고 심지어 $\frac{1}{60}$분인 초 단위를 사용하여 (27°59′16″N 86°56′40″E) 보다 더 정교하게 만들 수 있다. 집 모퉁이 위치는 에베레스트산보다는 매우 더 작고, 그 단위도 도-분-초 단위보다 훨씬 더 정교해야 한다. 그 위치는 1초 단위의 10분의 일 또는 100분의 일을 포함할 것이다.

위도와 경도는 위치를 구체화하는데 수를 사용하는 실세계 예이기 때문에, 종종 좌표의 아이디어를 성인에게 도입하는데 용이한 방식으로 제공될 수 있다. 그러나 아이들에게는 친근한 출발점이 아니다. 기본 아이디어는 대부분의 수학에서 사용하는 익숙한 정사각형 격자와 동일하다고 하더라도 훨씬 복잡한 많은 방식이 있다. 우선 한 가지 이유를 들자면, 지구의 표면은 (대략적으로) 구면이고, 이미 평면보다 훨씬 더 복잡해져 있다. 그 결과 모든 좌표축은 거리가 아니라 각도로 구체화된다. 이들 측도를 더 정교하게 하려면 익숙한 십진법 구조를 따르지 않는다. 그 대신에 바빌로니아에서 내려온 60진법 체계를 따른다.

직교 좌표 평면은 학교에서 가장 친숙한 것으로 그 위에 점을 찍고 그래프를 그려왔다. 이 좌표 체계는 구면에서 합리적으로 작동하지 않으며 평면에서 정확하다. 평면 위 각 점의 모든 위치는 위치 0인 원점에서 서로 직교하는 두 축 즉, 두 수직선을 따라 표시할 수 있다. 평평한 면을 나타내려면 평면을 사용한다는 것은 평평한 면을 이상화한 것이고, 이것은 실세계의 대상을 나타내고자 이상화한 추상적인 수학적 대상을 사용하는 많은 방식 중의 하나이다.

3) 실세계 대상을 이상화하기

■ **필수 이해 2c.** 기하의 대상은 우리의 마음에 존재하는 것들이다. 그 대부분은 물리적 세계에 존재하는 것을 이상화한 것이다.

기하의 아이디어를 나타내는 데에 물리적 대상을 사용하기도 한다. "문은 직사각형이다."라고 말한다. 물론 이 말이 뜻하는 바는 문의 모양이 직사각형이라는 것이지만, 두께, 문의 손잡이, 문 위의 장식, 모서리의 흠, 문의 약간 휘어짐 등을 무시한 것이다. 종이 한 장을 살펴본다면 어떤가? 직사각형 모양이지만, '실제로' 직사각형은 아니다. 종이는 두께를 가지고 있다. 만약 현미경으로 종이의 모서리를 자세히 살펴본다면, 우툴두툴하고 전혀 직선이 아님을 볼 수 있을 것이다. 종이 위에 그린 그림들도 직사각형, 삼각형, 원 등이 아니다. 잉크는 두께가 있고, 직사각형, 삼각형, 원 등은 단지 2차원 대상이 아니다. 사람들은 3차원 세계에 사로잡혀 있다. 우리가 볼 수 있는 것들은 3차원적이고, 비록 그 차원 중 하나가 매우 얇아서 그 두께를 지각할 수 없더라도 말이다.

우리가 언급하는 모든 기하의 모양은 단지 이상화된 것이다. 즉 물리적 세계에서 만들 수 있는 것이 아니라 우리 마음에서 만들어 내는 것이다. 하지만 우리 마음에서 만들 수 있다는 것이 바로 좋은 것이다. 우툴두툴한 선을 직선으로 단순화하고 문에 있는 흠, 장식, 손잡이 등을 무시함으로써, 추상적인 모양을 분석하여 그 모양에 대하여 배운 것을 다시 물리적 세계에 응용할 수 있다. 심지어 더욱 좋은 것은 배운 것을 우리가 갖게 된 멋진 비물리적 세계에도 응용하고 아주 새로운 어떤 것을 발명할 수도 있다. 만약 단순화할 수도 없고 이상화할 수도 없다면, 복잡성은 무척 큰 짐이 될 것이고 매우 실제적인 문제를 해결할 수도 없을 것이다. 바로 이것이 단지 우리 마음에만 존재하는 것들이 우리의 실생활에서 그토록 중요한 이유이다.

상상과 꿈은 비록 물리적 세계의 일부는 아닐지라도 대부분 실세계의 부분이다. 집을 지을 때 부분들이 어떻게 어울리게 될지 눈으로 보기 전에 마음에 그림을 그려야 한다. 나무를 자르기 전에 아마도 종이에 메모를 하거나 각 부분이 간단하게 맞지 않을지 마음의 그림을 만들어야만 한다.

수학은 마음에 대한 실세계의 일부이다. 수학은 더욱 복잡한 아이디어에 초점을 주고 교묘하게 다룰 수 있게 함으로써 마음의 그림을 선명하게 하고 검증할 수 있도록 도와준다.

핵심 아이디어 3

공간과 대상을 변환하기

Big idea

공간과 대상을 여러 가지 방법으로 변환할 때 변화하는 것과 변화하지 않는 것을 밝힘으로써 공간과 대상에 대한 통찰과 이해를 얻을 수 있다.

대상들은 다양한 위치와 방향에서 여러 가지 거리로 나타난다. 각 상황에서 만들어진 모든 차이에도 불구하고, 예를 들면 특정 거리에 있는 사물은 가까운 거리에 있는 대상보다 더 작게 보이지만, 우리의 뇌는 변하지 않는 특성 간의 관계를 파악한다.

1) 변환과 이미지

■ 필수 이해 3a. 변환을 활용하여 대상의 이상화된 이미지와 그 대상이 공간에 위치하거나 눈에 보이는 방식 사이의 차이점을 표현할 수 있다.

여러 가지 방식으로 그림을 보게 되는데, 어떤 때에는 바로 정면에서, 어떤 때에는 거울에서, 어떤 때에는 탁자 위의 평평하게 놓인 채로, 또 어떤 때에는 비틀어져서 보게 된다.

생각해보기 1.11

거울 앞에 문자 A를 놓고 아래와 같이 상을 만들 수 있다.

동일한 방식으로 문자 E를 거울 정면에 놓았다고 생각해 보자. 거울에 보이는 상을 자세히 이야기해 보자.

반사 변환과 대칭

우리가 볼 수 있는 흔한 변환 중 하나는 거울 속 우리 자신의 이미지이다. 이미지는 친숙하게 보이지만, 만약 관찰자가 오른쪽에 있다면, 이미지는 왼쪽에 있게 된다.

거울 이미지가 원래 그림과 어떻게 다른가 또는 다르지 않은가는 원래 그림의 성질에 달려있다. 예를 들면 아래와 같이 거울에 문자 A를 반사해 보자.

이미지는 원래 문자에 따라서 모두 다른 것은 아닐 것이다. 이처럼 반사는 대상의 오른쪽과 왼쪽을 서로 바꾸어준다. 문자 A와 같은 경우는 좌우 대칭의 모양은 거울에서 변화하지 않았지만, 문자 E와 같은 경우는 좌우가 서로 같지 않고 아래 그림과 같이 변화할 것이다.

반면에 문자 A와 문자 E를 아래와 같은 방식으로 거울에

반사해 보자.

문자 E는 변하지 않지만, 문자 A의 거울 이미지는 상하가 바뀌게 된다. 상하 모양이 변화하는 반사는 문자 E에서도 마찬가지이지만, 이 때에는 상하가 같고 변화하지 않는다. 원래 그림의 성질에 따라 이러한 두 종류의 반사에 따라 어떻게 나타날지 결정하게 된다.

거울은 어느 각으로든지 놓을 수 있으며 흥미로운 방식으로 그림을 변환할 수 있다. 거울을 그림에 가로 질러서 아래와 같이 놓아보자.

그림의 일부는 가리고 다른 한쪽 부분만 반사해 보자. 물론 이것은 완전히 새로운 모양을 만들어낼 수 있다. 만약 원래의 그림이 문자 A와 같은 방법으로 대칭이라면, 원래 그림과 정확히 같게 보일 수 있는 결과를 아래와 같이 얻을 수 있다.

[그림 1.12]는 두 개의 대칭축이 점선으로 표시된 디자인이다. **대칭축**은 그림을 반으로 나누는 직선으로서, 대칭축을 따라 거울을 놓으면 전체 그림을 다시 만들어 낼 수 있다. [그림 1.13]은 그림 위에 거울을 약간 다른 방향으로 놓았을 때 대칭인 그림이 만들어진 것이다. 거울은 대칭인 그림을 만들어내지만 원래 그림과 다를 수 있다.

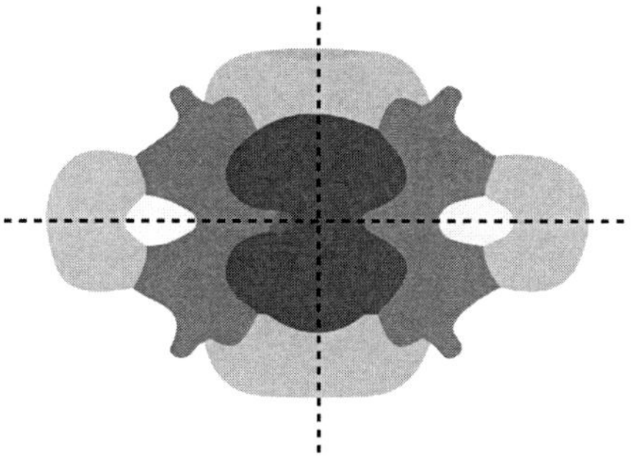

[그림 1.12] 대칭축이 두 개인 그림

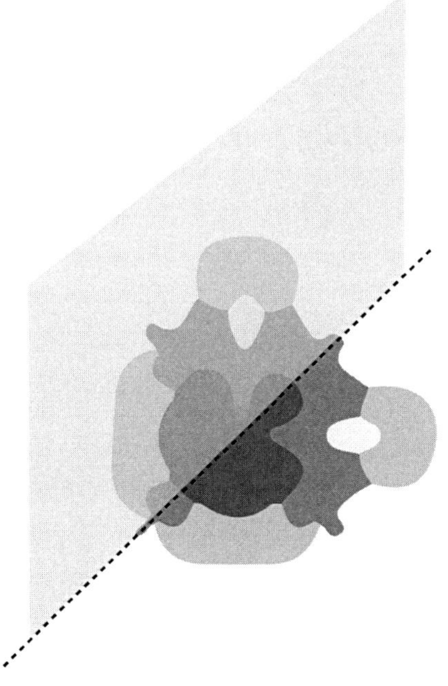

[그림 1.13] 거울을 대칭축 위에 놓지 않고 그림을 가로질러서 놓았을 때 결과

특히 중요한 것은 그림을 완전히 반으로 자르는 모든 선이 대칭축은 아니라는 점에 주의해야 한다. [그림 1.14]와 같이 점선으로 직사각형을 완전히 반으로 자를 수 있다. 양쪽은 서로 완전히 겹쳐지고, **합동**이다.

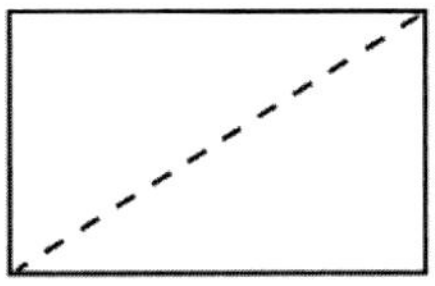

[그림 1.14] 합동인 두 삼각형으로 이루어진 직사각형

그러나 위의 점선은 대칭축이 아니다. 점선을 따라서 거울을 놓았을 때 원래의 그림이 만들어지지 않는다. 거울로 직사각형의 한쪽 삼각형을 가리고 다른 삼각형의 반쪽을 반사하면, 직접 본 것과 거울에 보이는 것으로 조합된 그림은 대칭이다. 아래 [그림 1.15]에서 보는 바와 같이 결과는 두 개의 합동인 삼각형을 다시 만들어낸다. 합동인 두 삼각형은 직사각형을 만들고, 새로 만든 도형은 처음에 시작했던 도형은 아니다.

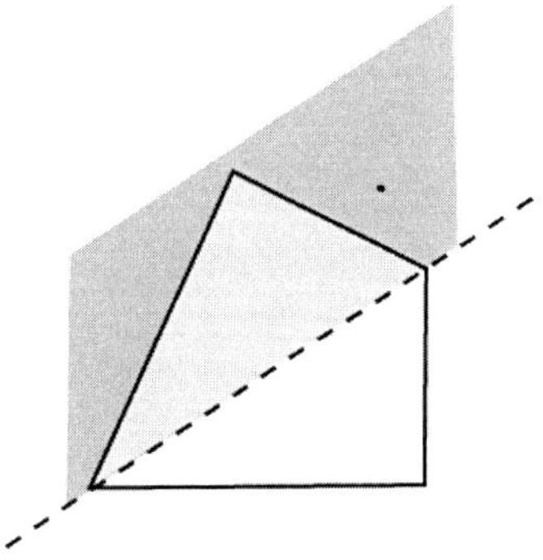

[그림 1.15] 직사각형이 아닌 새로운 도형을 만들어 낸 반사

사실상, 만들어진 도형은 직사각형이 아니다. 길이가 같은 긴 변이 두 개 있고, 길이가 같은 짧은 변이 두 개 있다. 이것은 직사각형의 공통 성질에 대하여 무엇을 말해 주는가? [생각해보기 1.12]는 정사각형이 아닌 직사각형에서 거울을 여러 가지 위치에 놓았을 때 결과를 탐구하도록 한다.

생각해보기 1.12

직사각형 모양의 작은 거울을 찾아보자. 종이 위에 정사각형이 아닌 직사각형을 거울보다 작은 크기로 그려보자.
(거울 속과 거울 밖으로) 조합된 그림이 여전히 직사각형이고 시작했던 도형보다 더 길어지게 하려면, 직사각형 위에 거울을 어떻게 놓아야 할 것인가? 처음 도형보다 날씬하게 직사각형을 만들도록 거울을 놓을 수 있겠는가? 정확하게 정사각형인가? 작은 정사각형인가?
아래와 같이 직사각형이 아닌 도형을 만들 수 있겠는가? 연꼴인가?([그림 1.10] 참고) 삼각형인가? 오각형인가? 육각형인가? 칠각형인가?
거울을 놓아서 두 개의 직사각형을 만드는 것은 가능한가? 세 개의 직사각형을 만드는 것은 가능한가?

도형을 자르지 않고 전체 직사각형과 같이 전체 도형을 반사하는 방식으로 거울을 놓았을 때, 어떤 것은 변하겠지만 많은 것들은 변하지 않고 그대로 있다. 예를 들어 아래 그림을 보자.

반사하였을 때 모든 길이와 각은 처음 도형과 같다. 만약 처음 도형이 삼각형이라면, 또는 E 모양이라면, 고양이 그림이라면, 방향이 바뀔 수는 있지만 반사에서도 마찬가지이다. 또한 반사는 도형의 넓이나 둘레를 변화시키지 않는다. 사실상, 반사는 만들어진 도형에서 어떠한 측도도 변화시키지 않는다.

만들어진 도형에서 모든 측도가 변하지 않는 변환으로서, 모든 측도가 불변적인 변환을 **등거리변환**(isometry)이라고 한다. (이 때 iso-는 '같다'를 뜻하고, -metry는 측도를 뜻한다.) 따라서 등거리변환은 원래 도형(pre-image)과 크기와 모양이 동일한 상을 즉, 합동인 상을 만들어낸다. 결국 이러한 등거리변환은 전통적으로 기하적 합동을 정의하는데 사용되어왔다. 만약 하나 또는 그 이상의 등거리변환을 하여 하나의 도형을 다른 도형과 정확히 일치하게 변환할 수 있다면 (하나를 다른 것에 정확하게 올려 놓을 수 있다면 즉, 겹쳐진다면), 두 도형은 합동이라고 정의한다.

회전: 또 다른 등거리변환

반사는 등거리변환이다. 길이와 각을 보존한다. [생각해보기 1.13]에서, 아래 [그림 1.16]의 도형을 특정하게 회전하였을 때 변하는 것과 변하지 않는 것을 결정해 보자.

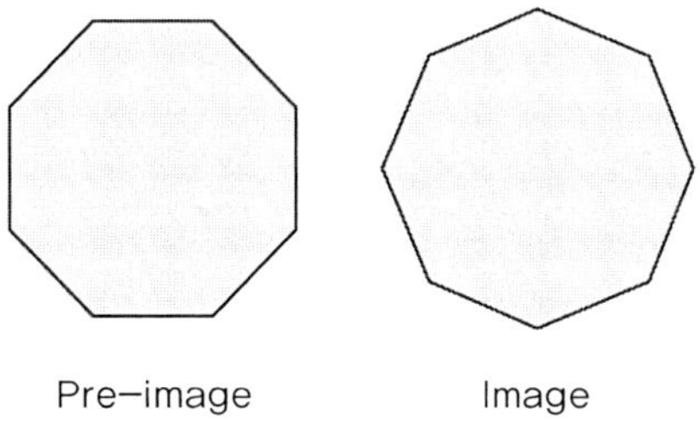

[그림 1.16] 어떤 8각형을 정확하게 22½도 (또는 67½도, 22½도 + 45도의 배수) 회전하였다.

생각해보기 1.13

[그림 1.16]을 살펴보자. 원래의 도형과 만들어진 상에서 동일하게 유지된 것은 무엇인가? 변화한 것은 무엇인가?

회전은 반사와 마찬가지로 측도를 보존한다. 대상을 회전하였을 때 거리는 (또한 각도도) 불변적이다. 회전은 단지 공간에서 대상의 위치를 변화시킨다. 일상적으로, 회전이란 대상을 돌리는 것이라고 생각한다. 예를 들어 [그림 1.16]에서 왼쪽의 도형을 종종 '멈춤' 기호로 지각할지라도, 분석을 심화하면 두 도형은 기하적 성질과 측도가 같고 서로 합동이다. 두 도형은 공간 상 위치는 다르지만, 단지 그것만 다를 뿐이다.

그러나 회전에 대하여 중점과 (특정한 방향으로) 회전량을 나타낼 필요가 있다. 이것은 수직선에서 원점과 (특정 방향으로의) 거리를 수로 나타냈던 것을 떠올릴 수 있다.

처음에는 회전과 반사를 혼동하기 쉬워 보인다. 예를 들어 문자 E, A, F와 반사된 F를 생각해 보자. 아래 [그림 1.17], [그림 1.18], [그림 1,19], [그림 1.20]은 각각을 보여준다.

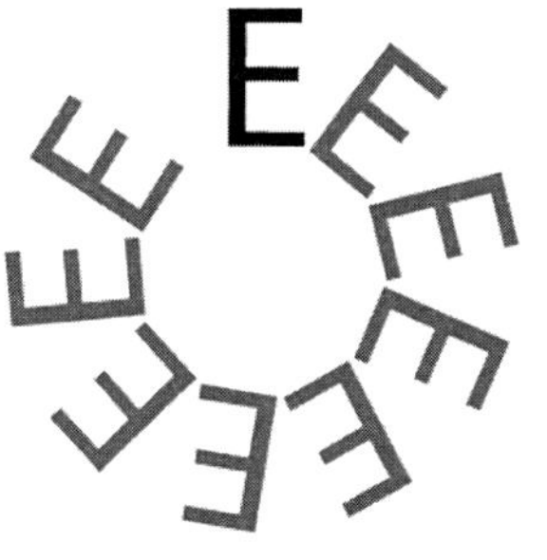

[그림 1.17] 문자 E의 회전

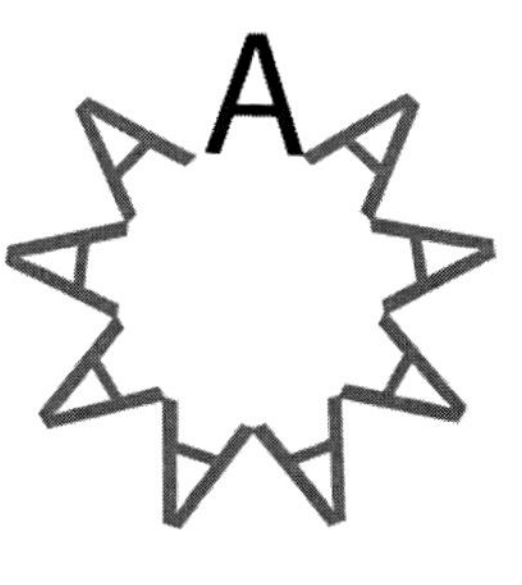

[그림 1.18] 문자 A의 회전

[그림 1.19] 문자 F의 회전

[그림 1.20] 반사된 F의 회전

[그림 1.17]은 회전의 중심으로 하여 10가지의 여러 가지 회전을 보여준다. 가장 위쪽 위치가 처음의 문자 E이다. 다른 것들은 모두 문자 E의 회전이다. 가장 아래쪽 E는 아래 그림과 같이, 거울에서 문자 E를 반사한 것과 정확하게 같다.

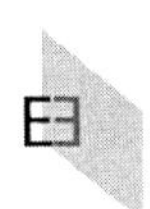

만약 [그림 1.18]의 문자 A에서 같은 실험을 해 본다면, 아래 그림과 같이 가장 아래쪽에 만들어진 상은 반사 방향이 다르기는 하지만 반사에 의하여 만들어진다.

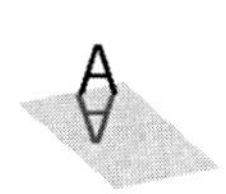

그러면 반사는 단지 특정한 회전 중의 하나라고 할 수 있을까? 그것은 아니다. 도형이 대칭일 때에만 반사의 상과 회전의 상이 동일하다고 할 수 있다. 문자 F는 대칭이 아니고, 따라서 회전의 상과 같게 되는 반사는 없다. [그림 1.19]와 [그림 1.20]의 가장 위쪽에 있는 것은 문자 F와 문자 F의 반사를 나타내고, 그 밖의 나머지 상들은 가장 위쪽 문자를 회전한 9가지이다. [그림 1.19]과 [그림 1.20]의 회전한 결과는 어느 것도 서로 동일하지 않다. 회전과 반사는 다른 것이다. 문자 F를 종이 위에서 회전하면 [그림 1.19]의 상을 얻을 수 있다. 하지만 단 한 번의 변환으로 문자 F에서 ꟻ를 얻을 수 있는 유일한 방법은 3차원에서 종이 위의 모양을 뒤집어서 종이 위에 내려놓는 방법뿐이다. ꟻ를 회전했을 때의 상은 [그림 1.20]의 도형이 될 것이다.

앞에서 단 하나의 변환을 적용하여 얻을 수 있는 결과를 생각해 보았다. [생각해보기 1.14]는 이러한 생각을 두 가지 또는 그 이상의 등거리변환을 조합하였을 때 만들어지는 중요한 결과로 확장해 보는 기회를 제공한다.

생각해보기 1.14

완전히 구별되는 효과를 보여주는 것으로서 몇몇 유형의 변환을 사용한다. 일상적으로, 도형을 특정한 거리로 밀기(평행이동), 특정한 선으로 접기(반사), 한 점에서 특정한 각도만큼 돌리기(회전) 등이 있다.

실제로 만약 하나의 변환을 적절하게 사용한다면, 등거리변환 유형 중에서 단 하나의 변환을 조합하여 세 가지 효과를 얻을 수 있다. 이들 중 한 가지 유형은 다른 것들보다 더욱 '기본적'이라고 보인다. 왜냐하면 둘 또는 그 이상의 이동을 조합하여 다른 두 가지 등거리변환을 한 번 변환하는 것과 동일한 효과를 내기 때문이다.

어떤 등거리변환이 그럴 것이라고 생각하는가? 어떻게 다른 두 가지 등거리변환을 만들어 낼 수 있겠는가?

우리의 지각계는 대상들이 어떤 위치에 있더라도 인지할 수 있게 해 준다. 만약 단지 위치만 다른 것이라면, 망막에 맺힌 위치가 다른 상도 동일한 대상이라고 지각된다. 따라서 [그림 1.19]의 모든 모양은 문자 F가 다른 위치에 있다고 보는 것처럼, [그림 1.21]의 모든 깃발 모양은 다른 위치에 있는 '동일한' 대상이라고 자연스럽게 지각될 것이다.

[그림 1.21] 깃발 모양을 처음 이미지로 회전하기와
깃발 모양을 반사한 상을 회전하기

읽기를 배울 때에는 규칙이 달라지고, 태어나서 바로 배워온 것 중 일부는 버려야 한다. 소문자 p, b, d, q의 문자 기호들은 단지 다른 하나를 반사하거나 회전한 것이지만, 그럼에도 불구하고 우리가 읽을 때에는 다른 것으로 생각해야 한다. 그 밖의 모든 것은 이전의 규칙을 따르고, 인쇄된 기호는 예외로 한다. 어린 아이들이 문자를 뒤집는 것은 전혀 이상한 것이 아니다. 이전에 보았던 것과 다른 방식으로 직면하고 있다고 판단함으로써 우리는 호랑이에게서 우리를 구할 수 있는 것과 같이, 어린 아이들의 시각 체계는 시각 체계가 능숙하게 작동해야하는 방식으로 정확히 작동하고 있다고 보여준다. 이것은 인류가 처음으로 지구에 나타나기 전부터 작동하도록 진화해

온 방식이지만, 반면에 읽기는 단지 5천년정도일 뿐이다.

눈에 보이는 차이를 무시하고 대상의 '동일성'을 견고하게 고정할 수 있다는 것은 인식하는 데 유용하다는 기하의 중요성을 말한다. 심지어 미취학 아동이라고 하더라도 그들이 회전이나 반사가 있다는 사실에 자세히 주목할 수 있는 전문가는 아니지만, 회전이나 반사와 관계없이 대상을 인식하는데 익숙하다.

읽기이전의 아동들이 메타폼(Meta-Forms) 퍼즐을 할 때 전형적으로 나타나는 것을 살펴보자(Lyons and Lyons, 2007). 4살의 어린 아이들은 80개 퍼즐의 많은 계열에 접근할 것이고, 어른들은 도전 문제의 계열에서 마지막 퍼즐을 찾아낼 것이다. 9개의 모양을 가지고 정육면체 각 면에 있는 3×3판 위에 놓는 것이다. 각 퍼즐은 모양이 삼각형, 정사각형, 원이고, 각각에 빨강, 파랑, 노랑의 세 가지 색이 있다. 아쉽게도 이 색깔을 여기에는 나타낼 수가 없다. [그림 1.22]는 첫 번째 퍼즐의 규칙을 보여주는 부분이다. 원래 퍼즐에서 첫째 줄의 삼각형과 정사각형은 빨간색이고, 아래 줄은 노란색이다.

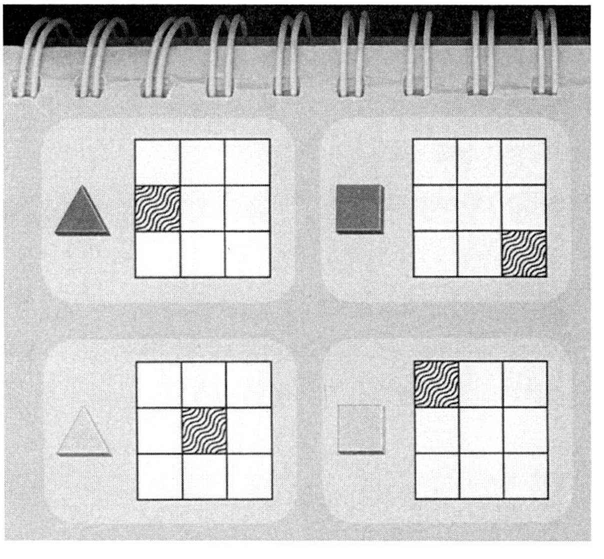

[그림 1.22] 메타폼 보드(Lyons and Lyons, 2007)

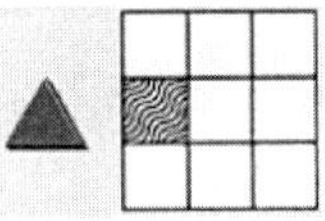

앞의 보드에서 (윗줄 왼쪽의) 규칙 카드를 보자. (이 카드에서 색칠되어 있는) 왼쪽 열의 중간 칸에 빨간 삼각형이 있다.

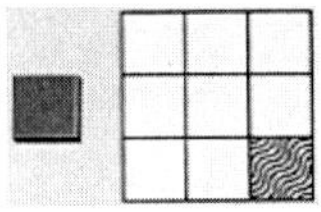

(윗줄 오른쪽의) 규칙 카드를 보자. (이 카드에서 색칠되어 있는) 아래 행의 오른쪽 가장자리 칸에 빨간 정사각형이 있다. 모든 조각을 3×3판 위에 놓고 모든 판을 채우면, 퍼즐을 해결한 것이다.

어떤 아이들은 전혀 규칙을 인식하지 못하고, 단지 좋아하는 자리에 퍼즐 조각을 놓는다. 또 어떤 아이들은 조각이 어디에 놓였는지 지도를 따라 전체 규칙을 알아내고, 규칙 카드에서 가장 윗줄의 왼쪽 칸에 빨간 삼각형이 있기 때문에 3×3판의 가장 윗줄의 왼쪽 칸에 빨간 삼각형을 놓는다. 물론 몇몇 아이들은 성인들이 놓을 바로 그 자리에 놓는다.

그러나 몇몇 읽기 이전의 아이들은 각 규칙을 각 조각이 놓일 지점으로 생각하고 모든 가장 자리 칸에 즉, 판을 회전했을 때의 자리에 빨간 삼각형을 놓을 것이다. 말하자면 이 학생들에게 아래의 네 가지 지점이 모두 같은 규칙이라고 보일 것이다.

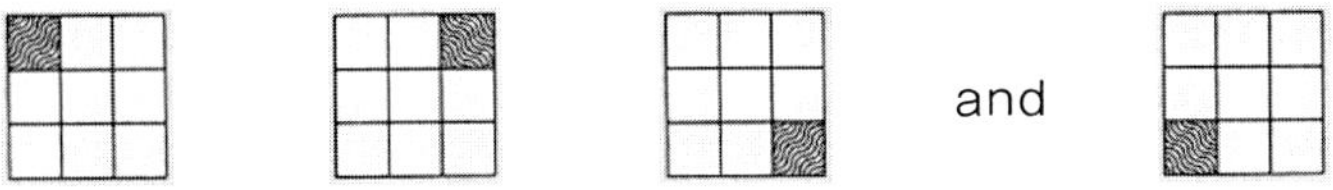

아이들은 회전에 대해 일관되지 않으며, 노란 정사각형을 ([그림 1.22]의 아래 줄의 왼쪽에 초록색으로 보이는 정사각형을) 빨간 정사각형과 반드시 반대쪽에 있을 필요가 없이, 다른

가장 자리 칸에 놓는다. 그러나 놀랍게도 몇몇 읽기 이전의 아이들은 완전하게 일관되고, 전체적으로 위 아래 칸이 정확하게 퍼즐을 해결하거나 왼쪽과 오른쪽을 서로 바꿀 수 있을 것이다. 아이들이 읽기를 배운 이후에는 회전과 반사는 멈추게 된다.

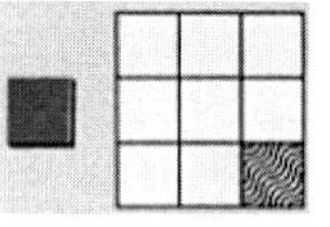

위의 규칙을 여전히 회전하여도 같다고 생각하기 때문에 적절하게 사용할 수 없는 아이들도 아래 규칙은 어려움을 겪지 않는다.

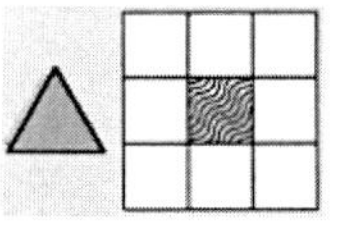

합동이 유지되지 않는 변환

반사와 회전은 거리를 보존하고 따라서 합동이 유지된다. 앞에서 논의한 바와 같이, 어떤 변환은 합동을 유지하고 따라서 거리가 일정하게 유지되는 (변화하지 않는) 평면 상의 변환을 합동 변환이라고 불렀다. 합동 변환은 측도와 관련된 성질들을 보존한다. 예를 들어 넓이(일상적으로, 2차원 도형을 둘러싼 '물질'의 양), 둘레(일상적으로, 개미가 도형을 따라 기어갈 때 그 주위를 모두 돌아오게 되는 거리), 각도 등이 있다.

하지만 어떤 이동이나 변환은 거리를 보존하지 않는다. 이러한 거리를 보존하지 않는 이동을 실행하면 합동인 도형을 항상 만드는 것은 아니다. 이들 중에는, 일상적으로 경험하는 중요한 두 가지 변환으로 **닮음변환(dilation)**과 **사영변환(projection)**이 있고, 도형을 분해하고 재합성하는 방식으로 **해체(dissection)**가 있다. 학교 교육 내용을 살펴본다면 수학교실에서 사영은 거의 논의되지 않지만 (수학적인 자세한 해설은 아니지만) 투시도에서 주된 관심사가 된다.

일상적으로 닮음변환은 모양을 늘이거나 줄이는 것으로 생각할 수 있다. 도형을 확대하거나 축소하는 복사기를 생각해 보자. 약간은 형식적으로 말한다면, 닮음변환은 배율에 따라서 도형을 '확대 축소'한다. 배율이 1보다 크면 커지고(확대), 배율이 1이면 그대로이고(크기 변화 없음), 배율이 1보다 작으면 줄어들게(축소) 된다. 약간 더 형식적으로 말한다면 확대는 놀라운 것으로 놀랍게 제시된다. 형식적인 정의에 따르면, 모든 점을 하나의 고정점(닮음변환의 중심)으로부터 이 점과 원래 거리의 특정 비율만큼 이동하는 변환이다. 만약 중심을 P라고 하고 한 점과 점 P와의 원래 거리가 3인치라고 한다면, 배율 7로 닮음변환할 때 그 점의 상은 점 P에서 거리가 21이 될 것이다. [그림 1.23]은 점 P를 중심으로 2의 배율로 원래의 작은 F에 대한 변환 결과를 보여준다.

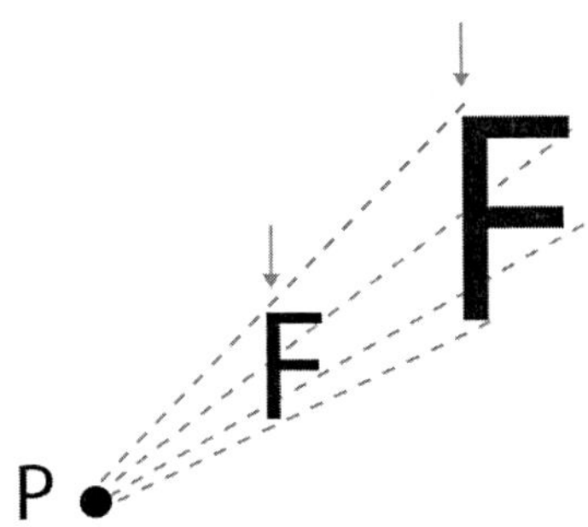

[그림 1.23] 점 P를 닮음의 중심으로 2배 닮음변환하여, 작은 F가 크기가 커진 F로 변환된다.

[그림 1.23]은 평면 상의 모든 점을 점 P로부터 처음 거리보다 두 배 떨어진 위치에 놓는다. 특히 커진 F상의 모든 점은 원래의 작은 F에 대응되는 점과 정확히 2배인 거리에 있다. 두 F 위의 왼쪽 가장 자리에 표시된 화살표는 점 P에서의 거리가 두 배가 된다는 사실을 강조한 것이다.

닮음변환의 정의는 단지 닮음의 중심에서 모든 점까지 거리를 2배로 하는 것이지만, [그림 1.23]의 변환 결과를 본다면 새로운 F(변환된 상)은 또한 처음의 F(원상)의 2배가 된다. 놀랍지 않은가! 커진 F의 모든 점들은 단지 작은 F 위의 대응되는 점보다 2배 멀리 있을 뿐만 아니라, 2배 멀리 떨어져 있는 곳은 바로 대응되는 점이 된다. 닮음변환하면 실제 거리는 변화하지만, 그 성질은 변하지 않고 그대로이다. 어떤 거리를 두 배한다면, 다른 모든 것도 2배한 것이다.

[그림 1.23]에서 점선은 점 P에서 작은 F를 지나서 빛을 비추고 벽 위에 F를 크게 사영하는 아이디어를 보여준다. [생각해보기 1.15]는 이 상황을 거꾸로 하는 것이다.

생각해보기 1.15

[그림 1.23]에서 큰 F를 변환된 상이 아니라 원상(원래의 도형)이라고 한다면?
이 경우 점 P를 중심으로 한 닮음변환은 어떻게 될 것인가?

원상을 작은 F에서 큰 F로 바꾸는 변환을 이해하는 가장 좋은 방법은 아마도 카메라에서 풍경을 또는 컴퓨터 상에서 지도를 줌인하거나 줌아웃하는 것으로 생각할 수 있다. 중심 즉, 닮음의 중심은 고정하고 화면 일부를 안으로 들어가거나 밖으로 나오게 하면서 대상을 축소하거나 확대한다.

사진은 '정확하게 보는 대로' 화면을 캡쳐하지만, 크기는 보존되지 않는다. 흔히 부르는 '모양'이 아니라 **크기**를 바꾸어서, 실제보다 크게 또는 실제보다 작게 출력할 수 있다. 닮음변환의 결과로 (또는 사진의 확대나 축소로) 크기가 변화하면, **거리는 보존하지 않지만 각은 보존된다**(불변한다). 이러한 도형들은 크기가 다른 **닮은 도형**이라고 한다.

기하학에서 '닮음'은 단지 일상적인 영어에서보다 더욱 특별한 의미를 갖는다. 예를 들어 한 집합에서 모든 대상들이 정확히 변이 7개라든지 또는 모두 선분으로만 구성되어 있다든지 등 대상 사이의 공통적인 어떤 성질은 찍히지 않는다. 합동이나 닮음에 대한 일상적인 설명은 공학적 정의 없이도 대강의 타당한 아이디어를 담으려고 한다. 일상적으로, '합동'은 종종 '크기가 같고 모양이 같다'고 하고, '닮음'은 '모양은 같지만 크기는 다를 수 있다'고 말한다. 이들은 초기에는 적절할 것이다. 그러나 이러한 정의를 사용할 때 생기는 문제는 '모양'이 의미하는 바를 명확하게 정의하는 것이 매우 어렵고, '크기'가 의미하는 바를 정교하게 시작하기 훨씬 더 어려워진다는 것이다.

보다 더 정교하게 할 필요가 있다면 이러한 모호한 용어는 모두 피해야 한다. 평면 기하에서 등거리변환(반사, 회전, 평행이동)의 조합으로 서로 변환될 수 있을 때 즉, 하나가 다른 것의 위에 겹쳐지도록 변환될 때 이들은 거리가 변하지 않게 이동하므로, 두 대상이 **합동**이라고 말한다. 예를 들면, [그림 1.24]에서 C와 D는 A와 합동이다. C는 A를 반사하고 평행이동 한 결과이고, D는 A를 반시계 방향으로 90도 회전하고 평행이동 한 결과이다. (이들의 합동변환 순서를 서로 바꾸어도 마찬가지 결과이다.) 만약 한 대상이 (아마도 등거리변환의 조합으로 이루어진) 닮음변환으로 서로 합동이라면, 두 대상은 닮았다고도 할 수 있다. [그림 1.24]에서, B와 E는 A와 닮았다. B는 A를 배율 1/2로 닮음변환한 것이고, E는 A를 배율 2로 닮음변환하여 180도 회전한 것이다. 배율 1로 닮음변환하여 (줄인도 아니고 줄아웃도 아닐 때) 합동인 것은 또한 닮은 것이다. [그림 1.24]에서 모든 모양은 닮았고, 또한 A, C, D는 합동이다.

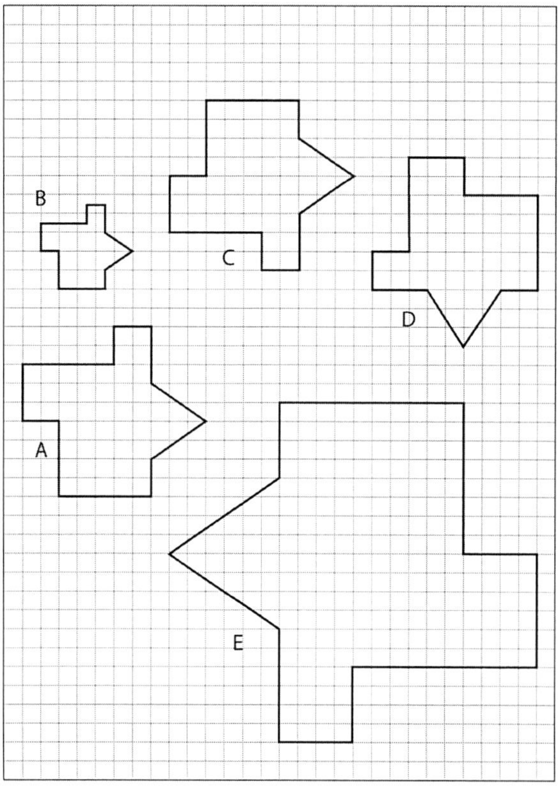

[그림 1.24] 5개 도형은 닮음이고, A, C, D는 합동이다

도형에 대한 대부분의 추론은 합동인지 닮음인지에 의존하기 때문에, 여러 변환 중에서 등거리변환과 닮음변환은 특별하다. 예술가, 과학자, 수학자 등은 시각적 이미지를 바꾸거나 유지할 때 서로 다른 방식으로 추론할 것이다. [그림 1.16]은 여러 가지 다른 변환 중에서 한 가지에 대하여 집중하여 생각해 보는 질문이다.

생각해보기 1.16

등거리변환도 아니고 닮음변환도 아닌 변환을 생각할 수 있는가?
자신이 생각한 변환이 왜 등거리변환도 아니고 닮음변환도 아닌지 그 이유를 설명하시오.

모든 변환이 등거리변환이나 닮음변환은 아니다. 말하자면 변환하면 그 결과가 모두 닮은 모양이 되는 것은 아니다. [생각해보기 1.16]에서 자신이 답한 것과 [그림 1.25]의 변환을 관련지어 생각해보자. '늘이기'는 닮은 모양이 되지 않는 변환의 예이다.

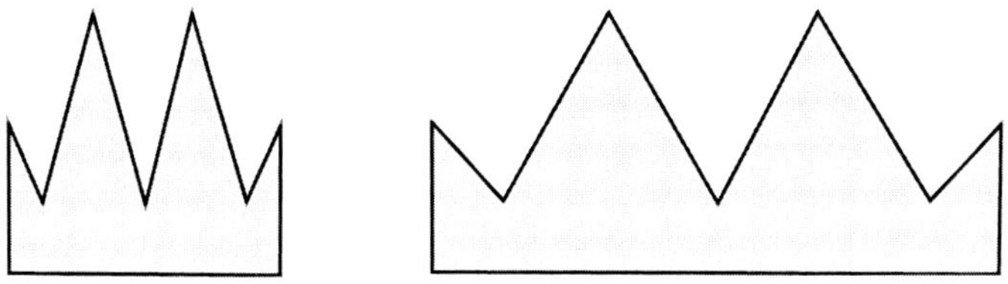

[그림 1.25] 닮은 모양이 되지 않는 변환

도형이나 공간을 조작한 결과에 대하여 서술하고, 사용하고, 시각화할 수 있는 능력은 과학과 예술에서, 디자인과 구성에서, 심지어 가구를 배치할 때에도 중요하다. 이러한 역량은 수와 산술을 (예를 들면, 범자연수와 분수에서 부분과 전체의 관계를) 이해하는 토대가 되기도 한다.

2) 변환의 불변성 인식하기

■ **필수 이해 3b.** 각각의 변환마다 변하지 않는 특정한 성질들이 있다.

어떻게 모양을 구성하는지 (예를 들면, 작은 부분의 모양을 맞추어서 전체를 어떻게 만들 수 있는지) 알 수 있는 능력은 오랜 시간 동안 배운다. [그림 1.26]의 직사각형 배열은 곱셈을 도입하거나 넓이의 의미를 설명하는 모델로 사용될 수 있다. '간단한' 배열이라도 어린 아이들에게는 어른이 보는 방식으로 '보이지' 않는다.

곱셈에 대한 넓이 모델과 다른 여러 가지 모델에 대한비교는 <곱셈과 나눗셈의 필수 이해 3-5학년> (Otto et al. 2011)을 참고하시오.

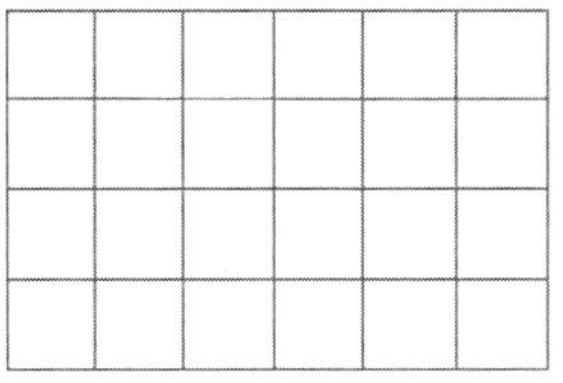

[그림 1.26] 넓이 모델로서, 정사각형 단위로 구성된 직사각형

어른들은 초등 저학년 학생들의 그림을 보고 종종 놀라게 된다. 왜냐하면, [그림 1.27]의 이 학생들의 작품에서 보듯이, 이 학생들이 위의 배열을 따라 그린다고 믿고 있지만 직사각형 구조의 토대를 아직 인식하지 못하고 있기 때문이다.

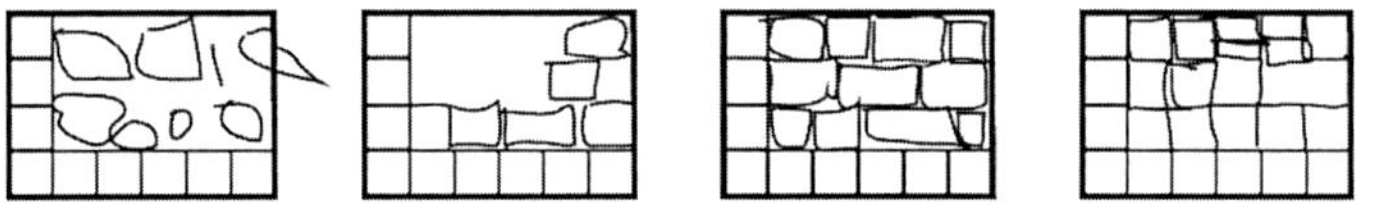

[그림 1.27] 학생들의 4×6 직사각형 배열 그림

끝의 두 가지 배열을 그린 학생들은 작은 조각이 직사각형 영역을 완전히 채워야 한다는 것은 인식한 것으로 보인다. 그러나 각각에 6개의 정사각형으로 된 가로줄 4개가 있어야 한다는 (또는 4개의 정사각형으로 된 세로줄 6개가 있어야 한다는) 줄과 행의 배열의 관점으로 아직은 생각하지 못하고 있다고 보인다. [그림 1.28]을 보면, 그림은 보다 더 정확해 졌지만, 여전히 각각 조각을 그린 것으로 보이고 공간을 세로로 나누는 세로선을 그리지 못하는 것으로 보인다.

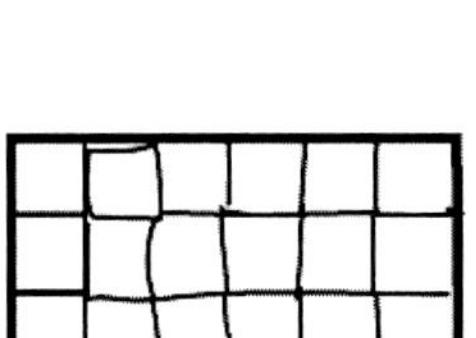

[그림 1.28] 더욱 정교해진 4×6 직사각형 배열 그림

[그림 1.29]과 같은 배열은 초등 중고학년에게 규칙 찾기 활동에서 주로 사용하고, 여러 가지 높이의 탑을 만드는 데 몇 개의 블록이 필요한지를 묻는다. 이러한 약간 더 복잡한 구조를 접하면, 고등학생조차도 블록 개수와 배열을 정확히 나타내는 모델을 그리는 것을 어려워하고 종종 해결하지 못하기도 한다.

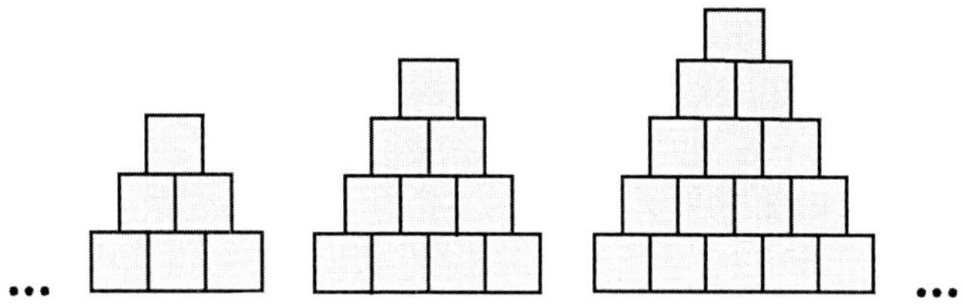

[그림 1.29] 규칙 찾기 활동에 나타난 블록의 증가 패턴

사람들은 2차원 공간에 기초한 기하를 암묵적이고 일상적으로 사용한다. [그림 1.26]과 [그림 1.29]의 다이어그램을 직사각형이나 '피라미드 탑'으로 인식하기는 하지만, 수학적 활동을 지원하려면 이해를 분명하게 할 필요가 있다. 직사각형 배열에서 줄과 행의 구조를 이해하는 것은 기본적 아이디어이다. 깊이 이해한다면 또한 모양 구성에 대한 이해도 필요하다. 말하자면, 각 줄은 정사각형이 6개이고 동시에 한 줄이 정사각형 6개로 구성된다는 것을 배울 필요가 있다. 각 줄은 각 정사각형은 하나의 단위이듯이, 하나의 단위이다. 즉 각 줄은 '단위들의 단위'이다. 마찬가지로, 배열을 하나의 전체로서 볼 수도 있고, 반면에 또한 하나의 배열을 4줄이 구성된 것으로서 즉, 단위들의 단위로 구성된 또 하나의 단위로 볼 수 있다. 직사각형을 '행의 열'이나 '열의 행'으로서 보는 것은 '길이 곱하기 너비'나 '너비 곱하기 길이'라는 의미를 준다.

기하적 아이디어와 수의 아이디어 사이의 연결성은 곱셈에 한정된 것이 아니다. 자릿값 표기와 연결성도 놀랍다. 수 273은 첫 번째 단위(백 단위)로 2, 두 번째 단위(십 단위)로 7, 세 번째 단위(낱개 단위)로 3으로 구성되지만, 각각의 단위는 더 작은 단위의 관점에서 표현할 수도 있다. 100은 (백 단위로) 한 단위이고 동시에 (십 단위로) 단위의 묶음이고, (각각 십단위는 낱개 10개로) 단위의 묶음 각각은 단위들의 묶음이다.

'길이 곱하기 너비'가 왜 (변의 길이가 범자연수인) 직사각형의 넓이에 대한 믿을만한 공식인가를 알게 되면, [그림 1.30]과 같이 직사각형으로 구성하거나 자를 수 있는 다른 넓이도 계산할 수 있다.

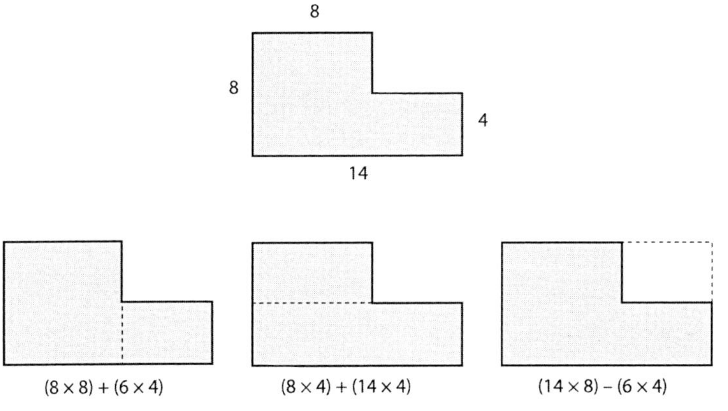

[그림 1.30] 직사각형으로 재합성하여 넓이를 계산하기

도형의 합성과 분할로 어떻게 측정할 수 있는지에 대한 또 다른 예를 생각해 보자. 삼각형의 넓이에 대한 일반 공식 $A=\frac{1}{2}bh$을 살펴보자. 도형의 합성과 분할은 계산과 공식에 공간적 의미를 줄 수 있도록 도와준다. [그림 1.31]은 삼각형의 넓이를 찾을 수 있는 두 가지 전략을 보여준다.

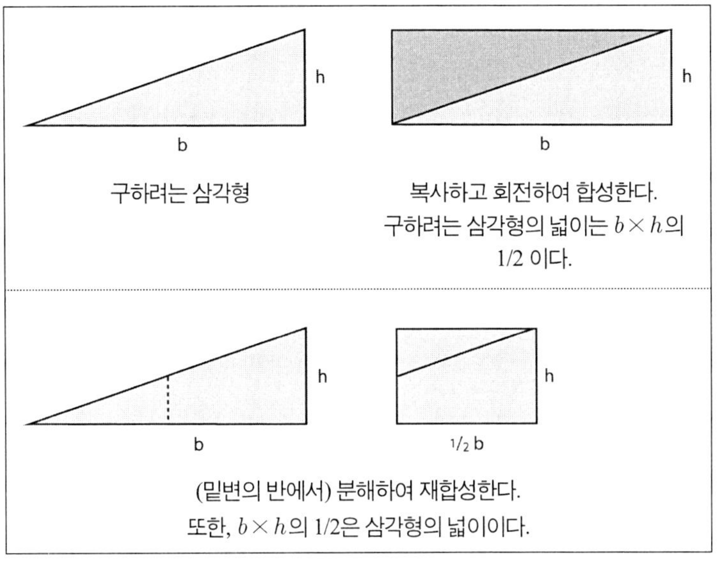

[그림 1.31] 삼각형을 분해하고 합성하여 그 넓이를 구하는 두 가지 방식

변환으로 인하여, 도형의 어떤 성질은 영향을 받지만 그 이외의 다른 성질은 변하지 않는다. 반사, 회전, 평행 이동과 같은 등거리변환은 기하 도형의 측도를 보존하지만 그 방향이나 위치를 변화시킨다. 도형의 위치가 변해도 넓이가 변하지 않기 때문에, [그림 1.32]과 같이 평행사변형의 넓이를 구할 수 있다. 평행사변형을 분해하여 잘라 낸 부분을 재배열하고 재합성하여 직사각형을 만들 수 있고, 이때 재합성된 새로운 도형의 넓이는 변하지 않고 그대로이다. 실제로 모든 부분을 겹치지 않게 재합성한다면, 심지어 더욱 강력하게 말하여 '모든 다각형은 같은 넓이를 가진 것들로 해체(분해하고 재합성)할 수 있다.'

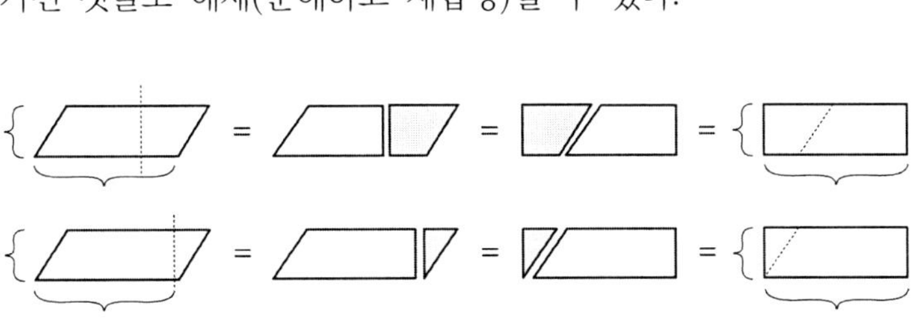

[그림 1.32] 평행사변형을 자르고 자른 부분을 재배열하여 같은 넓이의 직사각형으로 만드는 두 가지 방법

분명해 보일 수도 있겠지만 주목해야 할 중요한 점은 이렇게 변하지 않는 것은 동일한 차원에 있다는 것이다. 예를 들면, 선분을 반사, 회전, 평행이동 등을 한다면 그 길이는 변하지 않는다. 하나의 단위를 정하고 대상을 선형적으로 확장하도록 반복적으로 이동하면, 그 단위의 위치는 변하지만 그 단위의 수는 변하지 않는다. (서로 겹치지 않고) 반복한 단위의 개수는 그 단위의 입장에서 대상의 길이이다. 더 나아가 자는 그 단위를 반복하는 횟수를 기록한 것이라고 할 수 있고, 수직선은 이상화한 자라고 볼 수 있을 것이다.

물론 닮음변환(확대와 축소)은 복사기에서 늘이거나 줄이는 것과 같이, 측도가 변하게 된다. 그러나 특정한 성질은 불변한다. 예를 들어, 돋보기로 조사해 본다면 각도는 변하지 않고 그대로일 것이다.

핵심 아이디어 4

기하의 속성을 측정하기

Big idea

기하의 대상들, 그들 사이의 관계 또는 그들이 점유하고 있는 공간을 분석하고 기술하는 한 가지 방법은 그들이 갖는 하나 또는 그 이상의 속성을 세거나 측정하여 수량화 하는 것이다.

기하학은 "지구를 측정한다(earth measure)."는 의미이다. 따라서 기하학의 연구 분야들 중에서 하나는 길이, 넓이, 부피, 각도 등을 측정하는 것이다. 이에 핵심 아이디어 4를 지지하는 다음의 필수 이해 4는 대상의 속성을 측정하는 것에 초점을 맞추고 있다.

1) 속성에 수를 할당하기

■ **필수 이해 4a.** 측정은 길이, 넓이, 부피, 각도와 같은 속성들에 수를 할당함으로써 "얼마나 많은"을 구체화할 수 있다.

일반적으로 어떤 대상의 각도(degree), 크기, 또는 양을 결정하기 위해서 측정을 한다. 측정은 단위와 관련해서 대상의 길이 등과 같은 몇몇 속성의 크기에 수를 부여하는 과정이다. 대체로 측정할 수 있는 속성들은 연속적인 양들이다. 그렇지만, 대조적으로 초기 수학의 많은 사례들은 이산량과 관련이 있다. 이때, 이산량은 전체의 개수들이 세어짐에 의해 정확하게 값이 결정되는 분리된 대상들의 집합이다. 예를 들어, 우리는 정확하게 사과 4개를 셀 수 있다. 즉, 이산량이다. 또한, 우리는 이 4개의 사과에 5개의 사과를 더할 수 있고, 그 결과는 정확하게 사과 9개라는 것을 알 수 있다. 그러나 이 사과의 무게는 연속량이고, 어떤 과학적 측정 도구라도 우리에게 이 양의 대략적 측정값만을 유일하게 알려 줄 수 있다. 우리가 1파운드의 $\frac{1}{1000}$에 가까운, 또는 가장 가깝게 어떤 파운드를 측정을 하던 간에 항상 더 작은 양으로 분해될 수 있는 연속량을 포함하기 때문에 항상 오류들이 존재한다.

어떤 대상의 측정에서 중요한 한 가지는 그 대상의 크기이지만, "크기"라는 용어는 필수적인 정확성을 결여하고 있다. 우리는 적어도 세 가지의 다른 방식으로 "크기"에 대해서 말할 수 있다.: 먼저 어떤 대상의 크기라는 것은 그 대상의 길이(선분과 같은 1차원 대상의 한도)일수도, 넓이(삼각형과 같은 2차원 대상의 내부 영역), 또는 부피(큐브와 같은 3차원 대상의 내부 공간)일지도 모른다. 나아가 우유 한 잔의 "크기"는 완벽하게 모호하다.: 이 말은 우유의 양(기본적인 우유의 부피)이나, 또는 유리잔에서 이 우유의 높이를 의미하는 것일 수 있다.

이렇게 무엇을 의미하는지 구체화하지 않고, 다음 단계로 우리는 서로 다른 지름을 가진 두 개의 유리잔 속 우유의 "크기"에 대해 논쟁할지도 모른다. 어떤 우유 한 잔은 높이는 높지만 양은 적을 수 있다. 그렇다면 어느 것이 더 큰 "크기"일까?

그래서 개념을 구체화할 필요가 있고 일단 그렇게 한다면, 측정이란 것은 동의된 어떤 양의 단위와 비교함으로써 주어진 연속량에 수를 부여하는 과정이다. 즉, 주어진 양을 구성하는 양의 단위가 얼마나 많은지를 결정하는 것이다. 예를 들어, 우리는 어떤 방의 길이를 측정하기 위해서 길이의 단위(피트, 미터, 또는 좋아하는 무엇이든지)를 선택하고 난 후에, 그 방의 길이를 알기 위해 필요로 하는 단위 길이가 얼마나 되는지를 찾는다. 또한, 넓이를 측정하기 위해서 길이 단위의 어느 쪽이든 간에 원하는 그 길이의 단위로 넓이의 단위를 선택한다. 부피를 측정하기 위해서는, 전형적으로 모서리를 가진 어떤 정육면체를 한 단위로 여기는 것처럼, 먼저 부피의 단위를 선택한다. 이 세 가지 경우들 모두에서, 우리는 측정하고자 하는 대상과 "일치하기" 위해서 필요로 하는 단위들이 얼마나 많은지를 알아야 한다. 그리고 우리는 종종 측정에서 요구하는 정확도를 취하기 위해서 단위를 세분화(피트에서 인치로, 또는 미터에서 센티미터로)할 필요가 있다.

길이는 어떤 대상의 끝점 사이의 한도를 정량화함으로써 얻어진 그 대상의 특성으로 간주할 수 있다. 그리고 "거리"는 종종 공간에서 어떤 두 지점 사이가 얼마나 떨어졌는지를 정량화하는데 사용된다. 길이 또는 거리를 측정한다는 것은 측정하는 단위를 확인하고 나서 그 단위에 의해 주어진 길이나 거리를 세분화(사고에 의해서나 또는 실제적으로)하고, 그 대상과 함께 마지막 위치에 단위를 배치하는 두 단계로 이루어진다. 그렇지만 지구의 지름을 측정하는 것과 같은 경우에 우리는 직접적으로 이 값을 측정할 수 없고, 우리가 만들 수 있는 몇몇의 다른 측정 도구로부터 측정한 것을 계산하는 방식에 의존해야 한다. 그러나 심지어 어떤 경우에서라도, 그 측정에 대한 발상(idea)은 서로 일치한다. 우리가 지구의 지름을 대략 7900마일로 기술할 때, 이는 그 거리를 커버하기 위해 끝에서 끝까지 근사적으로 마일 단위가 7900개를 필요로 함을 표현하는 것이다.

간접 측정은 매우 자세하게 다루면서 토론되어질 필수 이해 4b의 한 내용이다.

겉으로 보기에도 대다수의 발상들은 길이에 대한 단순한 측정 과정을 내포하고 있다. 우리는 길이의 단위가 *반복*되는 것, 그 단위들은 다른 각 단위들과 길이가 서로 같다는 것, 마지막으로 측정의 정확성을 기하기 위해서 그 단위에 대한 공통된 세분화를 필요로 한다는 것을 이해해야 한다. 그래서 아이들의 키를 3피트 5인치로 측정하는데 있어서, 키 높이의 단위를 1야드나 1데시미터, 1인치로 하는 것은 측정 단위를 선택하고 표현하는 방식과 일치하지 않기 때문에 이치에 맞지 않고, 임의

적일 수 있다. 측정 감각을 구성하기 위해서, 위와 같은 사례보다 더 많은 것들을 할 수 있어야만 한다. 예를 들어 만약 당신이 나보다 키가 크고 그녀가 당신보다 키가 크다면, 그녀는 나보다 키가 더 크다는 것을 이해할 수 있어야만 한다. 물론, 이것은 측정치를 표현하기 위해 사용되는 수를 이용해서 얻어지는 것이 아니라 실수에 대한 일반적인 사실을 통해서 추론되는 것이다.

또한, 길이를 측정한다는 것은 측정, 영점(zero point), 시발점(origin)에 대한 아이디어를 이해하거나 활용할 수 있는 것을 포함한다. 어떤 크기의 단위를 반복하여 표시된 자(ruler)에서 어떤 점이든지 시발점으로 작용할 수 있다. 우리는 일반적으로 "자의 끝에서부터 측정하는 것"을 학생들에게 가르치지만, 0과 5사이의 거리는 2와 7사이와 같고, 심지어 31과 36사이와도 같기 때문에, 그래서 어떤 점이든지 간에 그 점을 시발점으로 거리에서 거리를 기록하는 한, 모든 점은 "시발점"으로 작용할 수 있다.

2) 비교와 계산

■ **필수 이해 4b.** 몇몇의 양들은 직접 비교하거나 측정할 수 있고, 다른 양들은 간접적으로 측정할 수 있으며, 그리고 몇몇 대상들의 측정은 다른 측정을 통해 계산된다.

사람들은 종종 그들의 키를 비교하기 위해 등을 맞대면서 서곤 한다. 이 과정은 연속된 양인 길이의 직접적인 비교를 의미한다. 처음으로 채워진 용기의 물을 비어있는 다른 용기에 붓는 것은 두 용기의 용량에 대한 유사한 직접적인 비교를 의미한다고 할 수 있다. 하지만 대안으로 우리는 키를 직접 측정하기 위해서 자를 사용할 수 있고, 용기의 용량을 측정하기 위해서 눈금을 사용할 수도 있다.

몇몇의 양들은 직접적으로 측정하거나 비교하기에 어렵거나 심지어 불가능하다. 간접 측정은 직접 측정의 전형적인 방법들이 실현불가능하기 때문에 요구되어 질지도 모른다. 예를 들어, 자나 줄자를 사용하여 나무의 높이를 측정하는 것은 대부분의 경우에 어려운 일이다.

우리는 몇 가지 간접적인 방법으로 나무의 높이를 측정할 수 있을 것이다. 먼저 [그림 1.33]의 (a)와 같이, 나무의 뒤에 서서 팔의 길이만큼의 위치에서 어떤 막대를 잡고, 나무의 밑동에서 꼭대기까지의 거리를 표시할 수 있을 것이다. 그리고 [그림 1.33]의 (b)에서처럼, 막대를 회전시킴으로써 땅 위에서 대략 같은 길이가 떨어진 지점을 찾아 나타낼 수 있다. 이후에, [그림 1.33]의 (b)와 같이, A부터 C까지 거리인 나무의 길이를 측정할 수 있다.

나무의 길이를 측정하는 또 다른 방법은 닮은 삼각형과 비율을 사용하는 것이다. 예를 들어 [그림 1.34]에서 설명하는 것처럼, "앞에 곡선 도로" 표시인 도로 표지판과 같이 이미 알려진 높이를 알고 있는 경우에 나무의 높이를 계산하기 위해서는 그 비율들을 사용한다.

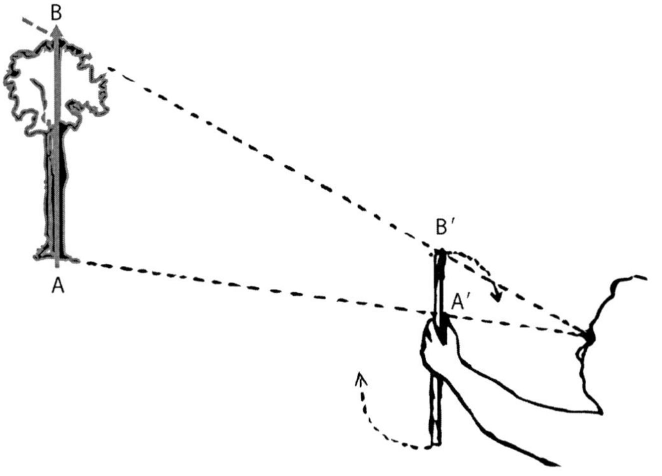

(a)

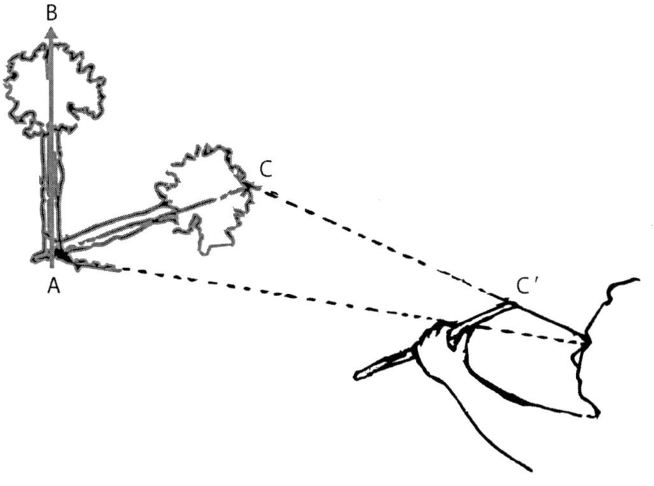

(b)

[그림 1.33] 지면 위의 거리를 이용하여 나무의 높이 측정

비와 비율의 관점에 따라 속도와 다른 간접 측정에 대한 심도 있는 전개를 하는 6~8학년 단계의 수학 지도를 위해서 비율, 비례, 비례 추론에서 계발되어야 할 필수 이해를 살펴보자(Lobato and ellis 2010).

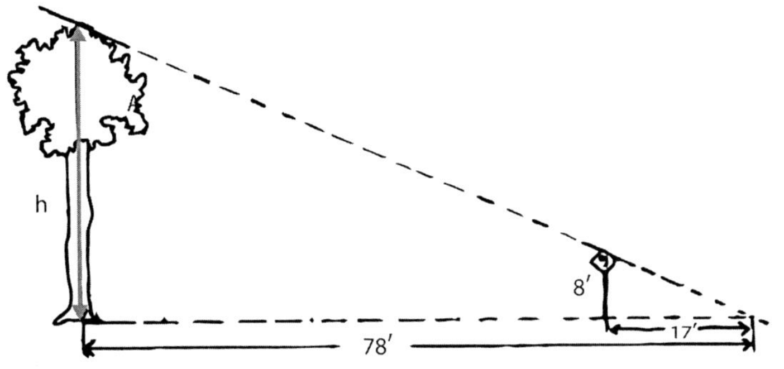

$$\frac{17}{78} = \frac{8}{h}$$
$$h \approx 37'$$

[그림 1.34] 닮은 삼각형과 비율을 이용한 나무의 높이 측정

나무의 높이를 찾는 위의 경우에서와 같이, 간접 측정은 직접 측정이 불가능하거나 실현이 불가능하도록 만드는 문제들을 해결하는데 도움을 줄 수 있다. 간접 측정을 통해 어떤 행성의 지름을 알아내는 과제에 도전해 보자! [생각해보기 1.17]은 우리에게 이 과제에 대해서 생각할 기회를 준다.

생각해보기 1.17

행성의 지름을 어떻게 알아낼 수 있을까?

마지막으로, 몇몇 측정들은 간접 또는 직접 측정들의 조합으로 계산된다. 간단한 예로 속도는 주행 시간에 의해 나눠진 거리로 계산된다.

3) 단위의 크기와 단위들의 개수를 연결

■ **필수 이해 4c.** 측정은 다양한 단위로 나타낼 수 있다. 측정에서 단위의 크기와 단위 앞의 수는 서로 역관계에 있다.

측정에서 숙달을 요구하는 또 다른 이해는 비례이고, 이는 주어진 측정에서 단위의 크기와 단위들의 개수 사이에 존재하는 역관계를 내포한다. [그림 1.35]와 같은 두 줄의 성냥에 대해서 생각해 보자.

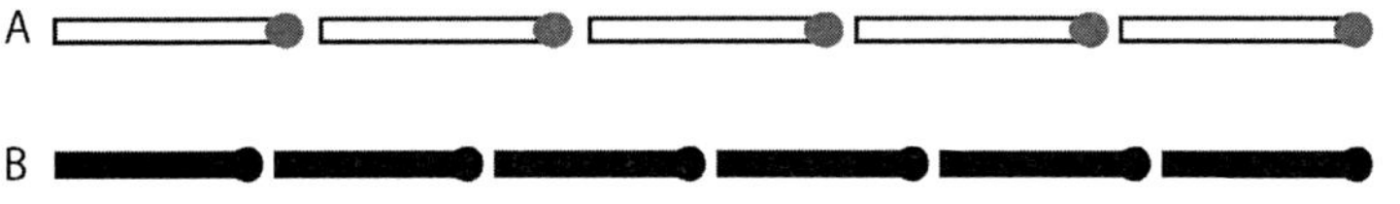

[그림 1.35] 서로 다른 단위로의 측정

성인들의 관점에서 볼 때 줄의 길이가 같지만, 대다수의 어린이들은 짧은 성냥이 더 많은 성냥을 가지고 있기 때문에 줄의 길이가 좀 더 길다고 주장할 것이다. 심지어 성인들도 254cm는 100인치보다 "더 긴 것처럼 들린다."고 종종 말한다. 따라서 측정 상황을 파악하기 위해서는 단위의 크기와 단위들의 개수에 대한 관계를 이해해야 할 필요가 있다. 측정은 단순히 단위들을 세는 것만은 아니다.

4) 결합과 분할

■ **필수 이해 4d.** 대상들은 측정이 용이하도록 분할하거나 결합할 수 있다.

직사각형을 둘러싼 길이인 둘레는 직사각형의 변들의 길이를 더함으로써 쉽게 구할 수 있다. 이것은 기본적인 아이디어(대상은 분할할 수 있고, 측정하기 위한 다양한 방법을 찾을 수 있다.)를 알려주는 것이다. 다각형의 영역을 결정하기 위한 필수 이해 3b의 토의에서 강조된 다각형의 분할은 측정의 원활함을 위해서 기하적 도형들을 분할하고 구성하는 방법의 한 예이다.

☞ 필수 이해 3b
각각의 변환마다 변하지 않는 특정한 성질들이 있다.

5) 결론

이 단원에서 기하와 관련된 핵심 아이디어 4개는 교사들의 이해를 위한 기초와 함께 학생들이 그들 주변의 세상을 이해하도록 지원하기 위한 노력의 뒷받침을 제공한다. 각각의 핵심 아이디어들은 교사들이 세상을 보는 방법에 대한 학생들의 생각을 형식화하는 것을 도와주는 필수적인 수학에 초점을 맞추고 있다. 핵심 아이디어 1에서는 분류를 다루면서 학생들이 형태와 함께 형태들의 모임에 대해서 어떻게 관계를 파악하는지를 살펴보았다. 학생들이 그들을 둘러싼 세상을 어떻게 파악하는지에 대한 이해의 방법을 제공하는 핵심 아이디어 2는 공간을 구성하고 위치를 명확화 하는 수단으로서 기하에 대한 관심이 초점이다. 학생들이 세상을 보고 이해하는 바에 대한 핵심 아이디어 3의 직관적인 근거는 변화하는 것이 무엇이고 변하지 않는 것이 무엇인지의 인식에 대한 것이다. 형태의 시각화와 이와 관련된 특징들은 분석적으로 세상을 볼 수 있도록 하거나 형태의 특별한 속성들은 측정하거나 개수를 세도록 하는 것을 요구한다.

이는 핵심 아이디어 4의 기저이자 필요로 하는 것이다. 이 모든 핵심 아이디어들은 학생들이 다양하고 복잡한 그들의 세계를 헤쳐 나가는데 교사가 도움을 줄 수 있도록 서로 연결되어 있다.

다음 단원에서는 공간에 대한 초기 인식을 되돌아보고, 핵심 아이디어들과 필수 이해들이 초등학교 2학년 과정을 뛰어넘어 학교 교육과정에 어떻게 연결되는지에 대해서 알아 볼 것이다. 교사들이 필요로 하고 학생들이 이후 학년에서 접할 기하적 개념과 기능들은, 기하와 측정의 응용에 대한 복합적이고 세련된 사고의 기초로써 이 단원에서 다룬 핵심 아이디어들을 이용한다.

Big idea

핵심 아이디어 1 : 대상 분류하기
분류 체계는 공간이나 대상을 특정 목표 및 의도와 관련된 성질들로 구체화한다.

Big idea

핵심 아이디어 2 : 공간을 구조화하고 위치 파악하기
기하를 이용하여 공간을 구조화하고 공간에서의 위치를 나타낼 수 있다.

Big idea

핵심 아이디어 3 : 공간과 대상을 변환하기
공간과 대상을 여러 가지 방법으로 변환할 때 변화하는 것과 변화하지 않는 것을 밝힘으로써 공간과 대상에 대한 통찰과 이해를 얻을 수 있다.

Big idea

핵심 아이디어 4 : 기하의 속성을 측정하기
기하의 대상들, 그들 사이의 관계 또는 그들이 점유하고 있는 공간을 분석하고 기술하는 한 가지 방법은 그들이 갖는 하나 또는 그 이상의 속성을 세거나 측정하여 수량화 하는 것이다.

제2장

연결성 : 선수학습과 후속학습 살펴보기

기하와 측정은 우리가 살고 있는 공간을 이해하는데 도움을 준다. 모든 연령대에 있는 각각의 학생들을 지도하는 각 교사들이 사실상 가르치는 수학 내용에 관계없이 기하와 측정은 수학의 다른 영역들과 밀접하게 연결되기 때문에 기하와 측정에서 몇 가지 핵심 아이디어들을 이해해야 한다. 이것은 놀라운 일이 아니다.

01 다른 연령대에서 기하적 연결성 탐색

앞의 1 장에서 설명된 각각의 핵심 아이디어와 필수 이해들은 교사가 학생들의 기하적 사고를 학년군 전반에 걸쳐 어떻게 발달시킬 수 있을지를 이해하는데 도움을 준다. 이전 시기를 살펴보면서 시작하는 것이 유용하다.

1) 위치 찾기와 시각화: 초기 기하

아동들은 그들이 점유한 공간 세계 내에서 이동(움직임)과 관측에 대한 뛰어난 능력을 가지고 태어난다. 유아들은 대상에 눈을 집중할 수 있고, 조만간 움직이는 대상을 눈으로 따라갈 수 있기 시작한다. 걸음마를 배우는 아동들은 위치 과제를 해결하기 위해 그들을 둘러싼 환경에서 전반적인 형태에 대한 기하적 정보들을 사용한다.: 이는 핵심 아이디어 2의 직관적 근거이다. 예를 들기 위해, 먼저 엄마와 아기를 위에서 본 [그림 2.1]과 같이, 아기를 높은 의자에 앉히고 그들 사이의 공간에서 아기의 시야 범위에 놓인 친숙한 장난감에 표시 ×를 한다.

> Big idea
>
> **핵심 아이디어 2 : 공간을 구조화하고 위치 파악하기**
>
> 기하를 이용하여 공간을 구조화하고 공간에서의 위치를 나타낼 수 있다.

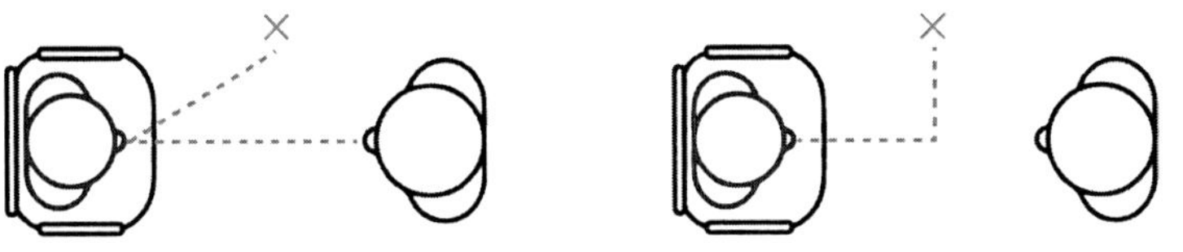

(a) (b)

[그림 2.1] 위에서 봤을 때, 높은 의자에 앉은 아기는 엄마의 반대편에 있고, 그들 사이에 있는 장난감의 위치에 표시 ×가 있다.

[그림 2.1]의 (a)에서 점선은 아기가 거리나 각도에 대해서 어느 정도는 알고 있다는 것으로, 이때 아기는 엄마의 왼쪽으로 약 20°에서 엄마에 비해 약간 가깝게 장난감이 있다는 것을 인식한다. 즉, 아기는 공간에서 방향과 비교 거리에 대한 감각을 가지고 있다.

[그림 2.1]의 (b)에서 점선에 의해 제시된 것처럼, 확실히 이 아기는 "앞쪽으로 먼 거리에 있고, 바로 그 다음에 왼쪽으로 먼 거리" 와 같이 좌표 x와 y를 생각해서 장난감의 위치를 찾지 않는다. 아기는 앞뒤좌우의 거리(직교좌표)보다는 목표까지의 거리와 방향의 측면(극좌표)에서 좀 더 자연스럽게 사고한다.

아기가 장난감의 위치를 찾는 것에 있어 "활동 기하학(geometry in action)"은 추후에 마주치게 될 직교좌표나 극좌표와 같은 다양한 수학적 내용들에 대한 직관적인 기초를 형성하게 해준다. 매우 어린 아동들은 목표와 연관된 움직임의 규칙을 통해 위치에 대한 경로나 장소를 기억하면서 위와 같은 수학적 내용들의 토대를 마련하기 시작한다.

이후에, 아동들은 전체 경로를 학습한다. 그들은 경로를 따라 발견되는 이정표와 함께 움직임의 방향과 거리로 위치를 기억한다. 부엌에서 놀이방으로 가는 길에서 아동들은 문의 위치를 알고, 복도를 도는 것, 그리고 놀이방을 비추는 거울에 대해서 학습한다. 이러한 그들의 능력은 내적 참조 체계(internal reference system)로부터 구성된다.: 이때의 참조는 공간에서의 이동과 관련된 자아(self)이다. 그들은 기하적 경로, 직선 경로, 휜 경로(각도), 거리와 길이, 그리고 마침내 다양한 기하학(곡선/곡면 기하학의 연구)의 개념을 이해하기 위한 발달의 기반을 형성한다.

또한, 유아들은 참조 체계를 기반으로 한 외부적인 경험을 구성하고 있는 중이다. 이른 시기에 이 체계들과 이들을 사용함으로 얻어진 경험들은 좌표계를 이해하는 바에 도움을 준다. 출발은 주변 환경에서 구조물과 이정표 사이, 또는 이내의 공간적 관계이다. 이때, 이정표는 중요하거나 친숙한 초기 대상들이다. 예를 들어, 아동은 문 옆 소파 끝의 가까이에서, 또는 중앙 벽 아래의 소파 밑에서 마지막으로 장난감을 본 적이 있는 것을 기억할지도 모른다.

Big idea

핵심 아이디어 2 : 공간을 구조화하고 위치 파악하기
기하를 이용하여 공간을 구조화하고 공간에서의 위치를 나타낼 수 있다.

필수 이해 2b
기하와 측정은 항해 경로나 공간 관계와 같은 실세계의 방향, 경로, 위치를 정확하게 나타낼 수 있다. 기준점과 방향이 주어지면 위치를 수로 나타낼 수 있다.

나아가 핵심 아이디어 2와 같이 아동들은 공간의 구조화, 주변 환경에서 이정표들 사이의 공간적 관계, 그리고 거리들로부터 위치에 대한 지식을 구성하기 때문에, 그와 같은 능력은 "심적 지도(mental map)"로 발전한다.

필수 이해 2b에서 주장하는 핵심을 정확하게 보여주는 것으로, 어떤 기억된 장소에 대해서 아동들은 차고지 담장 밖의 중간, 또는 샌드박스 거리의 가장자리에서 이만큼 먼 곳에 묻혔던 것으로 나중에 떠올릴지도 모른다. 이는 필수 이해의 논의에서 설명된 바와 같이, 추후에 직교 좌표계로 연결되는 직관 기하 구조의 적용이다.

처음에, 아동들은 다양한 시각으로 주변 환경에서 많은 대상들을 자연스럽게 보게 된다. 그리고 그들은 서로 다른 다양한 시각들이 어떻게 이미지에 영향을 미치는지에 대해서 주의를 기울이지 않고도 모든 구별되는 이미지들을 동일한 대상으로 인식한다. 앞서 1장에서 토의한 바와 같이 p, b, d, q(서로에 대한 반사와 회전)의 구별에서 나타나는 빈번한 초기 혼란은 임의의 대상과 그림에서도 똑같이 적용된다는 것을 보여 준다. 초기의 기하 학습은 대상의 위치가 그것을 보는 방식을 바꿀 수 있음을 인식하는 것을 시작으로 한다. 아동들은 똑같은 대상이지만, 모양이 어떻게 변할 수 있는지 알고 있다. 예를 들어, 종이컵의 테두리는 둥근 모양이거나 타원형인 것처럼 보일 수 있지만, 컵을 어떻게 기울이는지에 따라 직선으로 보일 수도 있다. 아동들이 종이컵을 아래에서 똑바로 본다면 그것은 둥근 것처럼 보이고, 그들의 눈이 꼭대기와 평평하게 옆에서 바라볼 때는 직선처럼 보인다.

그 반대의 경우도 역시 발생한다. 왜냐하면 우리는 수직선을 인식하는 특별한 신경세포들(neurons)을 가지고 있기 때문에 (아마도 스스로 자세를 똑바르게 할 수 있도록 도와주기 위해서), "위/아래" 또는 수직선을 연상시키는 특징들을 부여 할 수 있다. 결과적으로, 어린 아동들은 [그림 2.2]와 같은 두 가지 모양을 다르게 인식한다. 그들은 첫 번째 도형과 같은 수직/수평선에 가장 익숙해 하며, 두 번째 도형에서는 수평과 수직으로 가지런히 만들어진 모서리를 익숙해 한다. 실재로 어린 아동들은 두 번째 도형을 네 줄로 그리지 않고 네 개의 모서리로 그리고, 그 모서리들의 사이를 꼭 직선으로 연결하지도 않는다.

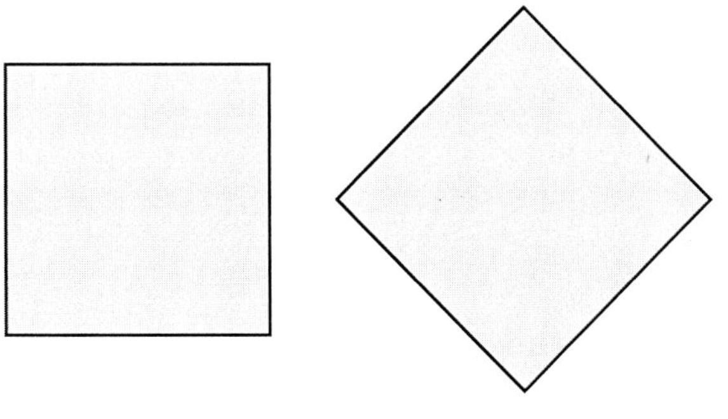

[그림 2.2] 다른 방향의 사각형

우리나 아동들이 두 번째 모양을 "다이아몬드"라고 부르거나 "돌린 사각형"(또는 "회전된 사각형")으로 부르는 것은 놀라운 일이 아니다. 나아가 두 사각형이 “같은 모양”이라는 것을 알게 된 이후에도, 그들은 같게 보이지 않는다. 이 두 사각형들은 같은 크기이지만, 사람들은 종종 “다이아몬드”를 더 크게 본다. 그래서 때때로 시각적으로는 동일하게 보일지라도, 실제로는 사물이 다르다는 것을 주목해야 할 필요가 있다.: 그리고 때때로 비록 그들이 다르게 보이더라도 실제로는 동일하다는 것을 알아채야 한다. 이는 모두 학습을 필요로 한다.

더욱이 아동들은 공간적 그리고 기하적 용어(안, 위, 아래, 위로, 아래로, 옆에, 사이에, 앞에, 뒤에, 그리고 추후에는 오른쪽과 왼쪽과 같은 위치를 나타내는 용어)들을 배운다. 이 용어들은 초기의 직관적인 아이디어를 수학의 세련미와 확장성으로 연결시키는 언어적인 기초이다. 수나 형태와 같은 수학적 아이디어, 또는 도형의 측정이나 변환과 같은 수학적 활동, 그리고 이러한 아이디어와 활동 사이의 구조적 관계들을 활용할 때, 직관은 일상생활에서 보다 정확한 모델이 된다. 수학은 이러한 아이디어와 활동을 체계화(정련, 확장, 관계)하고 문제를 해결하기 위해 도출된 모델을 사용한다. 수학 용어를 학습하고, 이를 사용하는 것은 수학화 과정의 핵심이다.

위치와 관련된 아이디어를 수집하고 형태를 변환시키고, 간단한 모델과 해결 과정들을 창조하고 사용함으로써, 아동들은 공간적 관계와 함께 해결 방안을 찾아가는 항해의 경험으로 수학화를 이룰 수 있다. 필수 이해 2b를 파악한 교사의 관점에서 본다면 교실이나 놀이터에서 모델을 만들고 해결 과정을 구안하는 것을 포함하는 블록 건물은 이와 같은 경험을 제공할 뿐 아니라 나름의 의미를 갖는다. 또한, 블록을 이용한 건물은 기하학과 내적 외적으로 관련된 영역과 함께 넓이 측정의 기반이 되는 공간 구조와 좌표 체계에 대한 학생들의 이후 경험과도 관련이 있다. 예를 들어, 정사각형 블록 건물에서 바닥 만들기는 공간 구조의 시작일 수 있다. 이와 같은 활동에서 시작해서, 대상을 행이나 열로, 또는 축에서의 거리로 구성하

> **필수 이해 2b**
> 기하와 측정은 항해 경로나 공간 관계와 같은 실세계의 방향, 경로, 위치를 정확하게 나타낼 수 있다. 기준점과 방향이 주어지면 위치를 수로 나타낼 수 있다.

는 능력의 개발은 필수 이해 2a를 확고히 하고자 하는 교사에게 있어 의미를 갖는다.

필수 이해 2a
위치를 나타내기 위해서는 항상 기준점(원점)과 그 점에서의 거리와 방향을 나타내는 (보통 좌표라고 불리는) 정보들을 알아야 한다.

[그림 2.3] 블록 쌓기

기하적 형태에 대한 아이디어들은 초기 기하에서 시작된다. 도형은 아동들이 세상을 이해하는 중심이 된다. 아동들의 형태에 대한 관심도 중요하지만, 형태에 대한 이 주의는 원과 같이 익숙한 형태에 대해서 익혀진 용어의 수준을 훨씬 뛰어 넘는다. 아동들이 대상에 대한 새로운 단어들을 배울 때("소금 그릇"과 같은), 그 대상의 형태는 색깔, 크기, 소리 또는 다른 속성들 보다 그들이 사용하는 주요한 특징이다(smith et al, 2001).

거의 모든 대상의 형태는 "기본" 도형들의 조합이다. 사실상 "기본" 형태라 부르는 것이 우리가 의미하는 바이다: 이 기본은 익숙함의 기반이기도 하지만, 또한 보다 복잡한 형태들의 기초이다. 원형 머리와 각 신체 부위를 직사각형으로 표현한 사람이나, 사각형 위에 삼각형으로 표현된 집의 일반적이고 단순한 형태를 생각해보라. 이와 같은 형태의 이상화는 아동들의 미숙한 스케치에만 국한되지 않는다. [그림 2.4]에서와 같이 예술가들은 작품을 더 사실적으로 보이도록 하는 세밀한 작업을 수행하기 전에, 복잡한 형상을 기하학적으로 "보는" 것과 순수 기하학의 방법을 사용하여 형상을 배치하는 것을 먼저 학습한다.

[그림 2.4] 예술가의 기본 기하 도형들에 대한 사용 예

복잡한 형상과 마찬가지로 "기본" 형태도 분할 될 수 있는데, 예를 들어 아동들은 밑면이 정사각형이나 직사각형인 기둥, 또는 더 큰 삼각기둥을 만드는 두 개의 삼각기둥 블록을 결합할 때, 분할의 일정 부분을 이해하는 바에 유리한 출발점을 갖는다. 아동들이 어떤 바닥을 만들기 위해 블록을 배열하여 내려놓을 때처럼, 형태의 결합은 기하적 결합, 길이, 넓이, 부피 및 좌표 체계를 이해하기 위한 개념적 기초를 형성한다.

2) 3-5학년에서 기하의 구성

> Big idea
>
> **핵심 아이디어 1 : 대상 분류하기**
> 분류 체계는 공간이나 대상을 특정 목표 및 의도와 관련된 성질들로 구체화한다.

유아기 동안에 학습한 기하는 3-5학년 기하와 측정의 중요한 기반이 된다. 형태에 대한 이전의 학습은 대상의 속성을 기반으로 명시적으로 모양을 분류하고, 기본 도형에 대한 추론을 도출함으로써(핵심 아이디어 1과 관련된 초기 활동을 의미함) 보다 더욱 체계화된다. 예를 들어, 학생들은 이제 사각형에서

4개의 직각을 사용하여 마주보는 변의 쌍은 평행하고 동일한 길이여야 한다는 변의 관계에 대한 추론을 할 수 있다. 체계적인 포함 관계(어떤 분류들이 다른 분류들의 하위 집합임을 인식하는 것)도 또한 명시적으로 시작된다. 예를 들어, 학생들은 정사각형이 직사각형과 마름모의 특수한 경우임을 알게 된다. 그리고 어떤 형태의 범주를 정의하는 다양한 방법들을 비교할 수 있다(예를 들어, 직사각형을 모든 각이 직각으로 이루어진 사각형, 또는 직각을 가진 평행사변형으로 정의함).

3-5학년 학생들은 단위의 정확성과 세분화를 다루기 위해서 초기 활동으로 길이의 측정을 한다. 길이의 측정, 시작점, 단위, 거리에 대한 지식은 공간을 구조화하고 위치를 지정하는 한 방법인 직교 좌표계를 학습하는 기초가 된다(핵심 아이디어 2).

대상에 대한 옮기기, 뒤집기, 돌리기를 다루는 초기 활동은 학생들에게 이후에 변환, 반사 및 회전의 기하적 이동을 체계적으로 생각할 수 있는 경험을 제공한다. 이러한 각각의 변환은 보존되거나 보존되지 않는 특별한 특징 및 특정한 기하적 속성을 갖는다. 예를 들어, 회전 변환의 특징 또는 속성을 설명하려면 회전이 발생하는 지점(회전의 중심)과 회전의 양(관습적으로는 반 시계 방향으로 약속하지만, 초등학교에서는 일반적으로 명료성을 위해서 시계 방향이나 반시계 방향으로 크기와 방향을 모두 지정한 각도)을 명확하게 제시해야 한다. 이후의 학년에서 학생들은 이와 같은 특징들을 명시적으로 공부한다. 나아가, 이와 같은 변환이 지닌 함축적인 의미(특정한 변환에 따라 보존되거나 보존되지 않는 것)들은 연구되었고 명확하게 밝혀졌다. 이 변환을 다루는 수학은 1장(핵심 아이디어 3)에서 논의되었지만, 대부분은 3학년 이상의 학생들을 위한 학교 교육과정에서 다루어진다.

중학년 학생들은 초기의 형태에 대한 구성을 공간 구성, 넓이, 부피를 기반으로 하여 확장해 간다. 이와 같은 측정 주제에 대해서는 다음 장에서 논의할 것이다.

Big idea

핵심 아이디어 2 : 공간을 구조화하고 위치 파악하기
기하를 이용하여 공간을 구조화하고 공간에서의 위치를 나타낼 수 있다.

Big idea

핵심 아이디어 3 : 공간과 대상을 변환하기
공간과 대상을 여러 가지 방법으로 변환할 때 변화하는 것과 변화하지 않는 것을 밝힘으로써 공간과 대상에 대한 통찰과 이해를 얻을 수 있다.

02 다른 주제와 연결하기

기하와 측정의 특정한 개념들은, 교육자들과 학생들이 지닌 수학의 일관성과 중심성(때로는 유용성)을 설명하는 용어인 필수적인 수학적 성향에 의해서, 수학의 많은 다른 영역을 서로 연결하려는 형태로 보완된다. 기하와 다른 나머지 수학간의 연결은 수학의 우아함을 보여주며, 학생들에게 하나의 영역이 다른 영역을 새로운 의미로 채울 수 있다는 것을 알 수 있도록 도와준다.

1) 수직선의 사용

공간, 기하, 측정 능력은 수와 산술에 사용되는 기본 모델들 중에 하나인 수직선과 직접적으로 연결된다. 학생들과 마찬가지로 수학자들도, 수직선은 위치와 그 위치 사이의 거리를 수로 시각화하는 방법이다. 길거리를 따라 주소가 고유하게 지정되는 주택들과 마찬가지로 수직선상의 각 점은 어떤 수로 인해 고유하게 식별된다. 일반적으로 주택들의 주소는 범자연수만을 사용한다.: 마찬가지로, 저학년 학생들을 대상으로 하는 수직선은 전형적으로 오직 범자연수만을 보여준다.

대조적으로, 수학자들의 수직선 개념은 모든 실수(0의 오른쪽에 있는 양의 수들, 왼쪽에 있는 음의 값, 그리고 공간을 채우는 모든 분수와 다른 모든 수)를 포함한다.

학교에서 처음 보여 지는 것처럼, 대체로 수직선은 범자연수를 나타내는 0으로 지정된 점과 1,2,3,4⋯로 표시된 등간격의 점으로 된 수평선으로 도입된다. 수직선 그림은 다른 모든 그림들처럼 다양한 크기로 제공된다. 연속되는 수들 사이의 간격이 인치 또는 센티미터이든지 간에, 눈금자 또는 더 큰 공간인지 여부에 관계없이, 벽 모델(wall model)이 일반적으로 요구하는 것처럼 해당 수직선의 두 연속하는 수들 간의 일정한 거리가 그 수직선의 “단위”로 간주된다. 이것은 7과 10 사이의 거리가 3이라고 말하는 것을 가능하게 한다. 0에서 1까지의 선분은 관례적으로 단위 선분의 예이고 표준이며, 수 1은 단위라고도 하고, 각 수들은 모두 위치 및 거리를 제공한다. 일단 이것을 결정하면, 모든 범자연수는 수직선 위에 고정된다.

수직선에서 유한한 부분을 실질적으로 표현하는 눈금자는 휴대가 용이하고, 따라서 거리를 찾는데 쉽게 사용될 수 있다. 각 눈금자는 인치나 센티미터 또는 특별한 목적으로 다른 단위를 가지고 있다(또는, 이름이 지정된 단위가 아예 없어서 벽 위의 수직선 같이, 일정한 간격만이 단위로 사용된다). 따라서 우리가 어떤 눈금자로 측정해서 길이(거리)를 말하고자 할 때, 그 자의 단위가 구체화되어야만 한다.: 인치 자에서 7과 10 사이의 거리는 3인치이다.

수직선과 측정 사이의 연결 관계에 대해서 더 자세히 다루기 위해서, 유아유치원- 2학년의 수와 기수법에서 개발할 필수 이해를 보자(Dougherty et al. 2010)

수 $\frac{1}{2}$은 정확하게 0과 1사이의 반이다. 이때, 우리는 0에서 1/2까지의 거리를 "$\frac{1}{2}$"이라고 말한다. 또한, 0의 오른쪽에 있는 거리에서 정확히 3번째는 1에서 2 사이에서 정확히 중간 지점임을 알 수 있다. 이 점은 0에서 3사이의 반에 위치하기이기 때문에 "3의 $\frac{1}{2}$"인 $\frac{3}{2}$이라고 할 수 있다(이는 위치와 거리에 대한 수의 예시이다.). 인치로 표시된 눈금자는 대체로 각 단위를 반으로 하거나, $\frac{1}{4}$로, 심지어는 더 작은 하위 단위로 나누기도 한다. 우리는 3등분, 8등분, 10등분, 또는 17등분과 같이 필요로 하는 어떤 방법으로든 수직선에서 단위를 세분화 할 수 있다.

수는 선형 측정과 직접적으로 연결된다. 0에서 해당 수까지의 거리 또는 길이는 범자연수나 유리수 또는 무리수(10번째 , 17번째, 또는 다른 n번째와 같이 표현될 수 없는 수)로 나타낼 수 있다. 따라서 측정과 함께 관련된 수직선 모델은 수학적 도구로 사용할 수 있다.: 수(분수와 소수를 포함하여), 수의 비교(어떤 수의 오른쪽에 있는 다른 수는 그 수보다 크다), 산술

(뺄셈은 수들 사이의 거리를 이용해서 수를 비교한다), 추정("그 근처에서" 수를 찾는 것- 너무 멀지 않다).

수직선은 분수와 소수 표현을 포함해서 유리수를 이해하는 데 있어 특히 중요하다. 수직선은 분수와 범자연수 사이의 관계를 설명하고, 분수가 수임을 입증하는 데 사용될 수 있다.

분수는 1보다 큰 수도 포함하며, 수직선에 범자연수를 반영하는 방식으로 수직선 모델에 더해진다. 이러한 모든 면에서, 측정이 수학을 이해하는 데 중요한 역할을 한다는 연구(e.g., Gagatsis, and Demetrioiu 2007; Geary et al, 2008; Ramani and Siegler 2008; Rodriguez, parmar, and Singer 2001 ; Vanbinst, Ghesquiere, and Smedt 2012)에서 주장하는 바와 같이, "정신적 수직선(mental number line)"을 구성하는 데 도움을 줄 수 있다.

2) 결합, 분할, 그리고 단위화

형태의 결합과 분할은 기하의 핵심 과정이다. 이 과정과 함께 넓이를 보존하는 것은 테셀레이션이나 영역 등의 문제를 해결하는 데 유용한 개념적 도구들이다. 또한, 이 도구들은 수를 이해하는데 유용하다. 예를 들어, 수직선은 분수를 수로 표시하는 데 가장 적합하고, 분수는 무언가의 양을 나타내며, 기하에서 전체를 같은 넓이의 부분으로의 분할은 분수의 이해 및 사용에 대한 유용한 모델이 될 수 있다. 다른 예를 생각해보자. [그림 2.5]와 같이 왼쪽의 작은 정삼각형의 넓이를 다른 큰 형태의 넓이를 측정하는 단위로 선택했다고 가정할 때, 측정된 넓이는 18단위이다. 즉, 이 영역을 덮기 위해서는 18개의 단위를 가져야 한다.

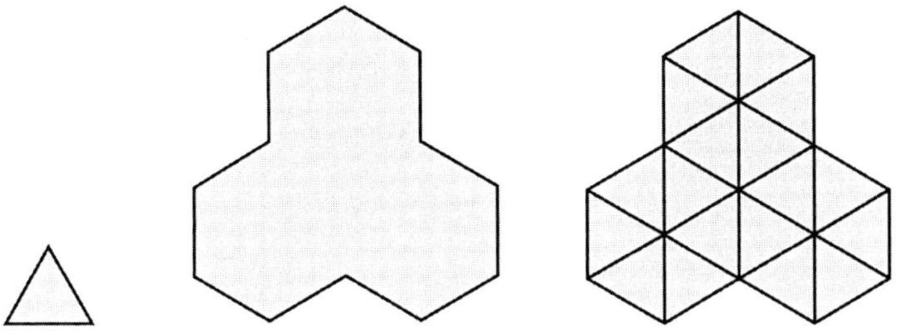

[그림 2.5] 넓이를 측정하기 위한 단위로서의 정삼각형

대신에, 만약 우리가 원래 단위의 넓이에서 정확히 6배의 넓이로 같은 넓이를 측정하도록 단위를 선택할 경우, 즉 정삼각형 대신에 정육각형의 넓이를 단위로 사용하면 이전보다 1/6만큼의 단위가 사용된다. [그림 2.6]의 1/3, 1/9, 그리고 1/18에 대한 사례와 같이, 지금부터 우리는 3단위로 측정을 할 것이다. 이 활동은 다른 크기의 단위로 길이를 측정하는 활동과 정확히 일치하고, 특정한 종류의 측정에서뿐만 아니라 측정에 대한 일반적인 사실을 이해하는 데 도움을 줄 수 있다.

3-5학년 수학의 유리수에 대한 필수 이해에서, Barnett와 동료들(2010)은 측정으로서의 유리수에 대한 설명을 위해서 수직선, 단위, 반복 등을 이용했다.

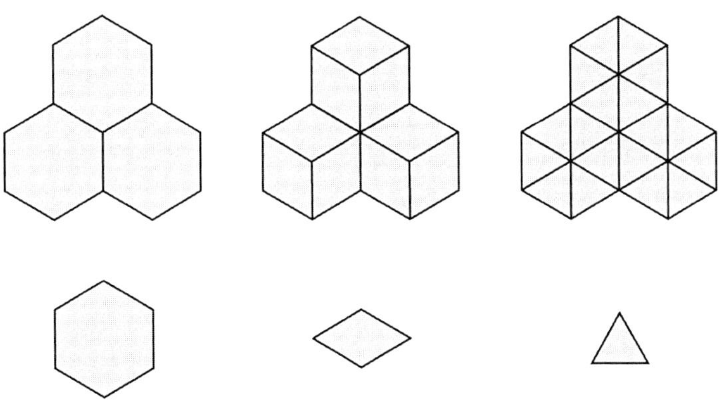

[그림 2.6] 다른 단위를 가진 동일한 형태의 넓이

만약에 넓이의 단위가 정육각형 영역이라면, 그 넓이는 3단위이다. 단위의 크기가 1/3로 마름모꼴인 경우에는 그 넓이는 3배 또는 9단위이다. 즉, 크기 단위를 1/3로 변경하면 그 넓이를 측정하기 위해서 단위의 개수는 3배가 더 필요할 것이다: 1/3은 곱셈에 대한 3의 역수이다. 대신에 만약 마름모꼴 단위

크기의 1/2인 단위로 넓이를 측정하도록 선택하면, 이때는 삼각형의 넓이가 사용되며 그 영역을 덮는 데 두 배가 더 필요할 것이다: 1/2은 곱셈에 대한 2의 역수이다. 삼각형 넓이를 단위로 할 때, 우리는 그 넓이를 18단위로 측정할 것이다. 측정하는 단위의 개수(넓이의 측정값)는 사용하는 단위의 크기에 영향을 받으며, 그 관계는 곱셈에 대한 반비례 관계이다.: 즉, 측정값이 클수록 단위는 더 작아진다. 기하적 형태 구성과 넓이의 측정에서 모델링되는 단위 크기와 개수 사이의 역 관계는 주어진 형태 또는 양을 결정한다. 또한, 셀 수 있는 자연수의 크기(1,2,3,4…로 증가)와 단위분수 사이(1/2, 1/3, 1/4,.. 로 감소)에도 역관계를 찾을 수 있다.

더욱이, 모든 수들은 특정한 단위와 연관된 결합에 의해 구조화 된다. 소수의 자리값 체계는 십 단위에 의해 그룹화 된다. 이 구조를 구현하도록 설계 된 것이 십진 블록이다. 만약에 "1"을 표현하기 위해서 작은 정육면체에서 한 모서리의 길이를 선택한다면, [그림 2.7]에서와 같이 정육면체 10 개의 모서리 길이에 의해 형성된 막대의 길이는 "10"을 나타낸다. 이것은 작은 모양(정사각형)들의 복합 단위로서 뿐만 아니라 새로운 모양(직사각형)으로 개념화된 것으로, 더 큰 모양을 형성하기 위해서 결합된 형태의 구성과 유사하다. 이것은 "10의 열 개"가 "100"인 것처럼 수에 대한 유연한 관점을 반영한다.

단위와 자릿값에 대한 확장된 토의를 위해서, 유아 유치원- 2학년의 수와 기수법에서 개발할 필수 이해를 보자

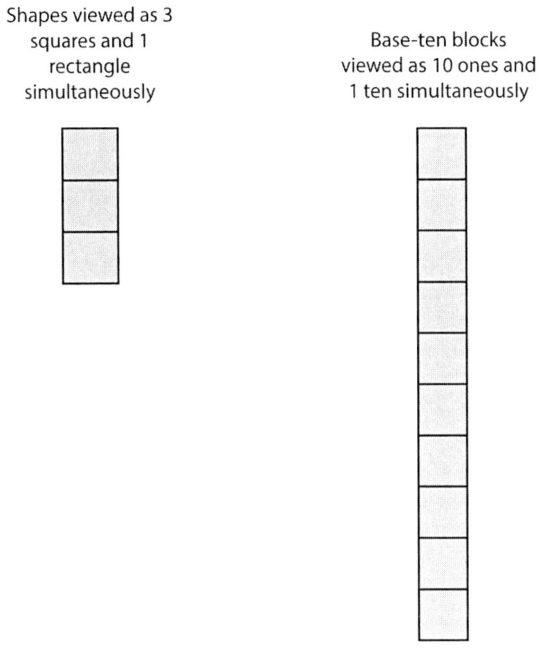

[그림 2.7] 단위의 결합으로 형태 인식

기하와 측정에서 결합과 분할로 형태에 대한 풍부한 이해를 갖추는 것은 부분 및 전체에 대한 이해를 넓히고, 수를 결합하거나 분리 또는 비교하는 수치적 연산을 위한 구체적인 모델을 제공한다.

3) 공간 구조화 활동

결합과 단위화의 특히 중요한 사례들은 공간의 구조화에서 찾을 수 있다. 앞의 1장([그림 1.26]을 보자)에서와 같이, 어떤 직사각형의 넓이를 구하는 한 방법은 행과 열이 동일한 정사각형 단위로 분할하는 것이다. 행과 열로 조직화된 이와 같은 분할은 넓이 = 가로 × 세로라는 수식의 수학적 해석을 제공한다. 직사각형에서 가로와 세로의 크기는 정사각형 단위의 각 행과 열의 개수와 동일한 값이다.

기하와 산술 간의 또 다른 연결은 직사각형과 넓이와의 관계이다. 곱셈의 교환 법칙(예를 들어, $5 \times 3 = 3 \times 5$)은 직사각

형에서 한 열에 위치한 모든 정사각형들을 함께 하나의 단위로 그룹화 할 수 있고, 이때 한 행에 위치한 모든 정사각형들의 개수가 이 단위의 개수와 같다는 것과 연결된다.

대안으로, 직사각형의 행과 열을 "전환"하는 90도 회전이동을 생각할 수 있다.

직사각형의 회전은 넓이를 보존한다. 이것은 어떤 형태에서나 성립하므로 직사각형의 넓이는 회전에 의해서 변하지 않는다. 그러나 어린 아동들은 회전한 사각형이 원래의 직사각형보다 더 많은 영역을 차지해 크다고 생각할 수도 있다([그림 2.8]을 보자).

[그림 2.8] 회전해서 만들어진 "더 큰" 직사각형

곱셈의 배열 모델과 다른 모델에서 사용하는 곱셈의 법칙과 수단에 대한 확장된 토의를 위해서, 3- 5학년의 곱셈과 나눗셈에서 개발할 필수 이해를 보자(Otto et al, 2011)

곱셈을 위한 넓이 모델은 또 다른 이유로 인해서 중요하다. 곱셈을 모델링하기 위해 이산적 대상(예를 들어, 4개의 각 줄에 8개씩 있는 동전)들의 배열을 활용하는 것은 범자연수에 대해서는 잘 적용되지만, 일반적으로 유리수에서는 그렇지 않다. 예를 들어, 동전 5.1페니를 포함하는 2.5개의 행들이라는 표현은 이해가 되지 않는다. 측정에 기초한 넓이 모델은 연속 모델이며 임의의 크기의 단위로 분할 될 수 있기 때문에, 유리수와 함께 분수나 소수의 곱셈에 도움을 준다.

정사각형 단위로 바둑판식으로 배열된 직사각형의 넓이는 한 행에 위치한 정사각형의 개수와 함께 행들의 개수를 곱해서(즉, 행과 열, 또는 가로와 세로를 곱해서) 측정될 수 있다.

직사각 기둥의 부피는 어느 한 층에서 단위 정육면체의 개수를 세고(그 층에서 행과 열을 곱해서), 여기에 층수를 곱해서 측정할 수 있다. 부피 = 가로 × 세로 × 높이라는 수식은 바로 이 공간 구조에 의해서 설명된다.

무한하게 배열된 것으로 평면을 파악하는 것은 또 다른 공간 구조이다. 이 구조화는, 평면에서 두 개의 좌표축에서의 거리에 대한 순서쌍으로 각 점의 위치를 지정하는 직교 좌표계와 관련이 있다.

03 결론

이후의 학년에서 요구되는 기하 개념에 대한 엄밀화는 이전 학년에서 가졌던 경험들을 기반으로 한다. 공간 관계를 이해하는 것은 아동들의 경험으로부터 산출된 가장 중요한 결과물들 중에서 하나이다. 아동들은 새로운 방법들로 공간을 이해하고 구조화하는 것을 학습한다. 이 방법은 평면이나 공간에서 형태들에 대한 변환을 이해하고, 나아가 변환에 의해 무엇이 변하고 변하지 않는지를 인식하는 공간 관계이다.

측정 개념은 측정 도구를 구성하기 위해서는 단위의 반복에 대해서 알아야 하기 때문에 변환과 밀접한 관련이 있다. 이것은 단위의 크기가 측정값을 구하는데 어떻게 영향을 미치는지에 대한 이해를 이끌 수 있다.

비록 학교 수학에서 기하가 수와 연산과 같은 형태로 강조되지는 않더라도, 기하와 측정을 중심으로 한 주제들은 학생들의 계발을 지원하고, 다른 수학 영역을 가로질러 명확하게 연결된다. 이러한 주제들이 기하를 넘어서 어떻게 학습을 지원하는지를 이해하고 있는 교사들은 학생들이 다른 수학 영역과 관련된 더 강력한 지식을 구축할 수 있도록 지원하기 위해서 기하 개념들을 활용할 수 있다.

제3장

도전 : 학습, 교수, 평가

기하와 측정 영역의 핵심 아이디어를 들여다보면, 이들 주제는 도형의 이름을 가르치고 자를 사용하는 방법을 보여준다는 개념을 훨씬 뛰어 넘는다. 기하와 측정은 수나 산술, 그리고 다른 수학적 주제에서의 기본 개념이나 기능과의 연결성이 풍부할 뿐만 아니라 그 자체 내에서도 수학적 개념, 기술, 추론이 풍부한 분야이다.

01 공간적 이해 돕기

기하와 측정은 일반적인 공간적 능력을 요구하며 그러한 능력을 발달시키도록 도울 수 있다. 기존 연구는 공간적 능력을 독립적으로 가르치는 것은 보통 성공하지 못한다는 것을 보여준다. 이 때문에 이러한 아이디어를 이해하는 것이 특히 중요하다(Hofmeister 1993). 공간적 사고를 다른 주제, 특히 기하와 기하학적 측정과 결합하는 통합적 접근이 훨씬 효과적이다.

1장에서 확인한 핵심 아이디어와 그들 사이의 연결성을 이해하는 교사들은 수업 환경을 설계함으로써 시작한다. 자신들의 수업이 블록이나 퍼즐, 탱그램 등을 포함하는지 확인할 뿐만 아니라, 교실 안팎의 물건들을 흥미롭게 배치하기 위해 공간을 설계한다. 그들은 이정표나 경로와 함께 우연적 경험과 계획된 경험을 제공하며, 수업 시간 내내 활동을 지원하고 방향을 설정하도록 하면서 공간적 관계와 관련된 토론을 시작한다(Clements and Sarama 2009; Sarama and Clements 2009).

교사들은 교실 어딘가에 물건을 숨기고, 물건을 숨긴 장소를 아주 가까이 또는 위쪽 등 익숙하지 않은 위치나 각도 또는 거리에서 찍은 사진 등의 실마리를 제공하여 어린 아이들에게 훌륭한 퍼즐을 제공한다. 한편으로 그러한 실마리는 출발 지점이나 특정 방향으로의 발걸음 수, 하나의 방향 또는 다른 방향으로의 회전, 다른 발걸음 등을 구체화할 수 있게 한다. 이러한 종류의 실마리를 고민할 때, 교사들은 필수 이해 2b에 대한 자신들의 인식을 이용한다.

이러한 형태의 퍼즐과 게임은 곧바로 지도 제작으로 발전하게 된다. 수학 또는 사회와 같은 다른 교과에서 실세계 공간과 지도를 연결하는 것에 관한 토론은 아이들로 하여금 수학에서의 사상(mapping)을 이해하도록 돕는다. 그러한 활동을 하는 동안 필수 이해 2b에 관한 논의에서 확인된 네 가지 수학적 질문에 관해 이야기해야 한다.

> **필수 이해 2b**
> 기하와 측정은 항해 경로나 공간 관계와 같은 실세계의 방향, 경로, 위치를 정확하게 나타낼 수 있다. 기준점과 방향이 주어지면 위치를 수로 나타낼 수 있다.

- 어떤 길이어야 하는가? (방향)
- 얼마나 먼 가? (거리)
- 어디로 가는가? (위치)
- 어떤 대상인가? (확인, 기호 사용)

처음에 아이들은 교실이나 운동장의 지도를 만들기 위해 블록이나 장난감을 가지고 작업을 하게 된다. 1학년 학생들은 운동장에서 걷거나 굴려서 거리를 재는 바퀴같이 생긴 기구를 이용하여 측정하고, 출발점, 방향, 거리를 포함한 정보를 교실에서 모델로 변환한다. 유사하게, 컴퓨터에서 물리적 이동, 지필 작업 그리고 시간을 결합하는 것은 그러한 수학화에 도움이 될 수 있다. 일례로, 아이들은 방향이나 지도를 스크린 상에 나타낸 후 스크래치나 로고와 같은 디지털 환경에서 캐릭터로 하여금 주어진 길을 가도록 또는 주어진 모양을 화면에 나타내게 할 수 있다.

지도에서 위치를 나타내기 위해 좌표를 도입할 수도 있다. 아주 어린 아이들에게 몇몇 도로명을 가진 "조그만 도시"는

[그림 3.1]과 같이 블록과 테이프로 바닥에 모형화 할 수 있다. 아이들은 4번로 B번 길에 집을 놓거나 어떤 사람이 그 집에서부터 다른 장소에 있는 학교까지 가는 방향을 알려줄 수 있다. 예를 들어, "B번 길을 따라 두 블록만큼 북쪽으로 가서 서쪽으로 돈 다음 한 블록을 더 가세요."

아이들은 각자의 라벨이 나타내는 것이 무엇인지 이해하고 궁극적으로 수치화하는 것을 배운다. 그렇게 하기 위해서는 세는 행위를 수량과 라벨로 연결할 필요가 있다. 그들은 격자를 머릿속에서 2차원 공간으로 구조화할 필요가 있다. 이때 공간은 각 차원을 따라 경계가 구분되고 크기가 측정된다. 이는 일종의 공간을 구조화하는 형태이다. 즉, 두 개의 수직인 직선을 조정하여 2차원 공간을 조직화하는 방식으로 좌표를 이해할 필요가 있다. 모든 위치는 두 개의 측정값에 의해 결정되며, 각 측정값은 두 수직선에 의해 얻어지게 된다. 필수 이해 2b는 이러한 것들을 학습하는 것이 수학적으로 중요하다는 교사의 이해에 바탕을 두고 있다.

> **필수 이해 2b**
> 기하와 측정은 항해 경로나 공간 관계와 같은 실세계의 방향, 경로, 위치를 정확하게 나타낼 수 있다. 기준점과 방향이 주어지면 위치를 수로 나타낼 수 있다.

학교와 인근 지역의 지도와 같은 실세계 맥락은 좌표를 처음 가르칠 때 유용하다. 공간을 구조화하는 기초를 세우는 많은 활동들 역시 도움이 된다. 이러한 활동에는 다양한 아동용 게임이 포함될 수 있다. "기억" 또는 "집중력"을 기르는 것으로 알려진 전통적인 것이 이에 해당한다. 이 게임은 다양한 모양의 카드로 이루어져 있는데, 똑같은 카드가 두 장씩 있으며, 아이들은 카드를 섞은 후 직사각형 격자 모양으로 배열한다. 그러고 나서 번갈아 가면서 두 장의 카드를 가져오게 되는데, 이때 두 장의 카드가 일치하면 "매치"라고 말한 후 다시 게임을 한다. 카드가 일치하지 않으면, 아이들은 그 카드들을 격자의 원래 자리에 되돌려 놓아야 하며, 나중에 일치하는 것을 찾기 위해 그것들이 어떤 열과 행에 놓여 있었는지 기억해야 한다. 유사하게, 아이들은 예컨대, "아래서부터 두 번째 행, 왼쪽에서부터 네 번째 열에서 시작하세요"와 같은 교사의 지시를 따라 기하판 위에 모양을 만들 수도 있다.

[그림 3.1] "조그만 도시"를 가지고 작업하는 아동

수학적 아이디어는 모든 수준의 교수 단계에서 정교화해야 한다. 점차 맥락에서 벗어나 궁극적으로 좌표라는 수학적 개념을 좀 더 추상적으로 생각할 수 있는 방향으로 나아가야 한다. 물론 그 사이사이에 실세계 맥락과의 연결성을 유지하기 위한 다른 활동이 들어간다. 공간적 구조화를 돕기 위한 잘 정의된 수학적 개념들을 구성하는 것은 교사의 명확한, 즉 모호하지 않은 명료한 언어를 요구한다. 이는 Standards for Mathematical Practice(Common Core State Standards [CCSSI 2010])에서 "정확성(precision)"으로 언급하고 있는 것이며, 일종의 "수학적 건강법"이라고 생각할 수 있는 것이다. 모든 사람이 화자가 지시하는 똑같은 대상을 볼 수 있다면 "over and up"과 같은 일상적인 표현은 충분히 명확할 것이다. 하지만 그러한 표현들은 아이들이 의사소통을 명확하게 하는 데 필요한 만큼의 언어적 정확성을 나타내지는 못한다. 예컨대, "over"는 "왼쪽"을 의미하는가 아니면 "오른쪽"을 의미하는가?("동쪽" 또는 "서쪽"인가?) "up"은 "바닥에서 떨어진 것"을 의미하는가 아니면 "그 페이지보다 더 높은 것"을 의미하는가? 유사하게, "x축이 바닥

이다"라는 문장은 특별한 그림에 대해서는 참이지만, 사분면 격자에 대해서 일반화되지 않는다. 거기서 x축은 관습적으로는 수평적이지만 그 페이지의 바닥에 위치하는 것은 아니다. 더욱이 그러한 표현은 좌표를 하나의 유일한 위치를 나타내는 좌표쌍으로 통합하는 것을 방해한다. 이 예에서 언어의 정확성은 핵심 아이디어 1에서 기술된 것과 같이 분류를 돕기 위해 발달시켜야 하는 사고의 정확성과 유사하다.

지도와 좌표 격자를 만드는 것, 다른 사람들이 만든 것을 해석하는 것, 지도와 격자를 실세계 위치와 연결시키는 것은 공간을 구조화하고 공간에서 위치를 명확히 하는 아동의 능력을 발달시킬 뿐만 아니라 교사들로 하여금 이러한 능력을 평가하도록 돕는 일이다. 핵심 아이디어와 필수 이해를 중심으로 사고를 조직화하는 교사들은 좌표가 가리키는 곳에 점을 찍는 고립된 연습보다 위와 같은 활동이 교육적으로 훨씬 더 유용하다는 것을 알게 된다.

02 도형과 변형에 대한 인식 구성하기

경험과 교육이 학생들의 기하에 대한 지식을 구성한다. 기하학적 도형의 예와 비례를 풍부하고 다양하게 제공하는 교사들은 학생들이 유연한 범주와 정확한 범주를 구성하도록 돕는다. 또한 직사각형은 가로와 세로의 길이가 서로 달라야 한다거나 밑변이 나란한 이등변삼각형에서 크게 벗어나면 삼각형이 아니라고 생각하는 것과 같은 일반적인 오개념을 피할 수 있도록 도와준다.

그러한 교사들은 또한 일관되고, 명확하고, 정확한 어휘를 구사한다. 어린 아이들은 종종 삼각형이 세 변을 가지고 있다고 말한다. 그것은 전적으로 옳다. 하지만 그것을 토론으로 이끄는 교사들은 종종 아이들이 일직선이 아닌 것을 변으로 생각하여, 볼록하지 않은 부분을 포함하고 있는 두 변을 "하나의 변"으로 간주하기도 하고 심지어는 변이 아닌 꼭짓점으로만 세는 경우도 있다는 것을 발견한다. 그런 아이들은 아래와 같은 그림을 세 변을 가진 도형이라고 잘못 말한다.

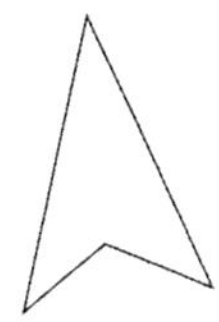

이러한 잠재적 오개념을 인식하면서, 교사들은 도형을 정의하는 속성을 아동이 이해하도록 돕기 위해 다양한 예와 비례를 제공할 수 있다. 그리고 비록 위치와 크기라는 속성은 다른 수학적 맥락에서는 확실히 도형과 관련되지만, 색깔, 위치, 크기와 같은 다른 속성이 도형을 분류하는 것과 관련되지 않는다는 것을 이해하도록 도울 수 있다. 물론 중요한 것은 아이들이 관련된 속성과 자신들이 의미하는 것을 명확하게 상세화할 수 있는 새롭고 유용한 언어를 획득하도록 하는 것이다. 이때 지나치게 세부적인 것에 천착하거나 명확한 의사소통에 필요한 것 이상을 말하도록 강요함으로써 개념을 발전시켜나가는 데 방해가 되게 해서는 안 된다.

학생들이 도형에 대한 지식을 발달시켜 나가도록 돕는 교사들은 가르치는 동안 다음과 같은 네 가지 특징을 포함하는 필수 이해 1a로부터 도움을 받을 수 있다(Clements and Sarama 2009; Sarama and Clements 2009).

> **필수 이해 1a**
> 수학적 분류는 우리가 "변", "각", "직선"이라고 부르는 것들 또는 수학적 대상을 범주화하여 얻은 다른 특성들을 보다 명확히 함으로써 일상적인 범주화를 확장하고 세련되게 한다.

1. 다양한 예와 비례
2. 도형과 그 속성에 대한 토론
3. 다양한 도형군
4. 광범위한 일련의 기하학적 과제

다양한 모양과 크기의 삼각형이 논의된다. 이는 아이들로 하여금 왜 특정 모양은 삼각형이고 다른 것은 아닌지 그 이유를 설명하도록 도전하게 한다. 다른 도형군이 유사하게 탐구되고 논의될 수 있다. 예를 들어, 마름모, 평행사변형, 네 개 이상의 변을 가진 다각형을 포함한 집합이 주어지면, 학생들은 그것을 "사변형"과 "사변형이 아닌 것" 또는 "네 변보다 많은 변을 가진 다각형"이라는 두 개의 부분집합으로 분류할 수 있을 것이다. 분류에서는 특별히 이름을 붙일 필요는 없다. 하지만 아이가 이름 붙이는 것에 흥미를 느낀다면 그 또한 하나의 선택이 될 수 있다. 더욱이 닫혀 있지 않거나 모든 "변"이 직선이 아니기 때문에 또는 다른 이유 때문에 다각형이 아닌 모양을 보여주는 것은 아이들이 분류를 더 정확하게 하도록 도와준다. 대조는 분류를 더 명확하게 해준다. 즉 아이들이 이러한 도형이 왜 "분류하는 도형에 속하지 않는지" 그 이유를 설명할 적절한 말을 찾도록 도와준다.

구성요소들을 가지고 도형의 모델을 구성하는 것과 같이, 반성과 토론을 촉진하는 과제는 명확한 의사소통을 돕는 언어를 찾게 해준다. 그와 같은 구성 과제에서, 아이들은 삼각형, 사다리꼴, 평행사변형, 직사각형, 정사각형, 마름모, 다른 범주에 속하지 않는 임의의 사변형, 육각형 등 여러 가지 도형에 적절한 예를 만들기 위해 다양한 길이의 막대와 파이프 클리너 막대와 같은 다양한 재료를 선택할 수 있다.

유사하게, 도형을 맞추고, 식별하고, 탐구하고, 응용 프로그램으로 도형을 만드는 것은 학습 중 과제를 수행하는 데 동기를 부여할 수 있다. 그리는 도구와 컴퓨터 환경에서의 구성 프로그램 역시 동일한 기능을 제공한다. 한 사람이 도형을 두 가지 범주로 분류하면 다른 사람이 그 분류의 규칙을 맞추는 "규칙 맞추기" 게임도 기하학적 도형의 성질에 깊은 관심을 가질 수 있게 한다. 그러한 활동은 "그걸 어떻게 알았어요?"와 같이 아이들이 계속 질문하는 토론을 수반하며 교사들에게 차후 수업에서 참고해야 할 중요한 평가 정보를 제공한다.

학생들로 하여금 기하학적 이동을 수행하고 그에 관해 논의해보게 하는 것은 그들에게 변환에 관해 가르칠 잠재력뿐만 아니라 필수 이해 3a가 제안하는 것처럼 수학과 실세계 사이의 연관성을 발달시키면서 그들의 공간적 능력을 향상시킬 수 있는 힘을 가진다. 랩톱에서 태블릿까지 고품질의 소프트웨어를 가지고 있는 모든 유형의 컴퓨터는 스크린 도구들을 통한 이동이 자유롭기 때문에 유용할 수 있다. 예를 들어, 컴퓨터 환경은 학생들로 하여금 두 도형이 겹쳤을 때 합동인지 확인하기 위해 평행이동(밀기), 대칭이동(뒤집기), 회전이동(돌리기)과 같은 기하학적 이동을 구체화 하여 합동과 대칭에 관한 이해를 발달시킬 수 있도록 돕는다.

필수 이해 3a
변환을 활용하여 대상의 이상화된 이미지와 그 대상이 공간에 위치하거나 눈에 보이는 방식 사이의 차이점을 표현할 수 있다.

그런데 비공식적인 말인 "밀기(slide)", "뒤집기(flip)", "돌리기(turn)"는 약간 부담스러운 점이 있다. 비록 "밀기"가 많은 아이들에게 번역과 관련되는 단어인 "평행이동(translation)"보다 덜 모호하다 하더라도, "대칭이동(reflection)"은 정확하게 그 뜻을 가진 익숙한 단어이다. 더욱이 "뒤집기(flip)"와 "돌리기(turn)"는 종종 일상적으로는 서로 바꾸어 사용되기도 한다. 예컨대, "turn the pancake over"는 "flip the pancake"라는 뜻이고, "flip the letter R upside down"은 회전이동 또는 대칭이동 그 어떤 것도 가리킬 수 있다. 따라서 누군가 "밀기"를 더 형식적인 용어인 "평행이동" 대신 사용한다 하더라도, "대칭이동"과 "회전이동"을 교수 과정에서 자연스러운 언어로 사용해야 할 것이다.

강체운동[1])은 합동을 보존하지만 교사들은 모든 변환이 그렇지는 않다는 것을 안다(필수 이해 3b). 복사기의 축소와 같이 확대는 대응하는 각은 같고, 대응하는 변의 길이의 비율이 같다. 하지만 그 물건의 크기까지 유지되지는 않는다. 모든 변이 원래 길이의 두 배가 될 수도 있다. 어린 아이들은 그와 같이 크기가 달라지는 변형, 즉 강체운동과 대조를 이루는 경험에 대한 상당한 직관을 가지고 있다. 그리고 그러한 경험은 틀림

필수 이해 3b
각각의 변환마다 변하지 않는 특정한 성질들이 있다.

1) (역자주) 물체 안의 임의의 두 점 사이의 거리가 변화하지 않은 채 이동, 회전 따위의 변화를 하는 일

없이 "동수누가"보다 더 바람직하고 더 정확한 곱셈에 대한 또 다른 직관적 기초를 제공한다. 마찬가지로 컴퓨터 그래픽 프로그램은 다른 종류의 경험을 보완할 수 있는 크기 조정 기능이 있어 서로 다른 표현을 연결해준다. 어린이들이 그림을 축척에 따라 설계할 때, 그림 모양의 크기가 변하지만 측정 결과에서 해당 각도의 크기는 변하지 않고 대응하는 변의 길이가 일정한 비율로 증감하여 변화한다는 것을 보여준다.

각이라는 주제는 더 많은 관심을 받을만한 가치가 있다. 각과 각도는 중요한 주제이지만, 일반적으로 금방 배우거나 쉽게 가르칠 수 있는 것이 아니다. 각을 이해하기 위해, 아이들은 기하학적 도형의 중요한 부분으로 각을 구분해야 하고, 각을 비교하고 짝지을 수 있어야 하며, "돌리기"라는 아이디어를 구성하고 정신적으로 표상하여 궁극적으로 이를 각의 크기와 통합할 수 있어야 한다. 예를 들어, 학령 전 아이들조차도 직각과 다른 각의 차이를 구분할 수 있고 구분할 수 있어야 한다. 그렇지 않으면 직사각형을 직각을 가지지 않은 평행사변형과 구분할 수 없다. 컴퓨터에 기반을 둔 도형의 조작과 탐색 환경은 아이들로 하여금 이러한 경험을 수학화 하도록 도울 수 있다. 특히, 사람의 몸을 회전하는 것이 도형을 회전하는 것, 내비게이션에서 길을 따라 회전하는 것, 회전과 각을 가진 상황을 양화하기 위해 수를 사용하는 것을 배우는 것과 어떻게 관련되는지 이해하는 것이 중요하다.

우리가 움직일 때 경험하는 각과 종이 위에서 보는 각 사이의 상호작용은 미묘하다. 우리가 자동차를 타고 가면서 U자형 회전을 할 때, 우리는 "크거나" "넓은" 회전각을 경험한다. 하지만 [그림 3.2]에 그려진 것처럼, 우리가 보는 궤적, 즉 지도상에서의 각의 "그림"은 매우 작은 각이다. 실제로는 두 개의 다른 각을 측정하고 있다. 두 길이 만나는 "날카로운" 예각과 방향을 바꿀 때 돌리게 되는 "넓은" 둔각이 그것이다. 그림이든 실제 이동이든 경험과 관심이 아이들로 하여금 이것들을 구분하도록 돕는다.

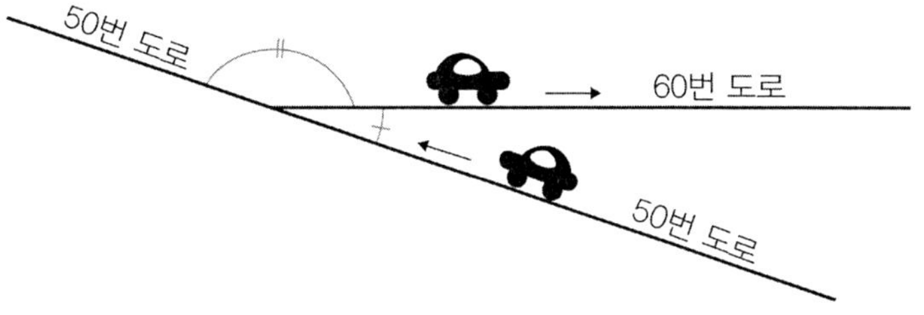

[그림 3.2] 50번 도로를 따라 이동하는 자동차는 66번 도로로 오른쪽으로 급격하게 회전한다. 지도상에서 그 각은 "작게" 표시된 각으로 나타나지만, 차는 표시된 훨씬 더 "큰" 여각을 따라 회전한다.

이들 주제들을 다루면서, 분류 스킴이 "하나의 공간 또는 그 내부의 대상들에 대하여 특별한 목적과 의도에 관련된 성질"을 구체화한 것이라는 점(핵심 아이디어 1)을 이해하는 교사들은 도형의 분류가 어떻게 "이루어지는지", 그것이 상황에 따라 어떻게 다른지 아이들이 이해하도록 도울 수 있다. 목표는 "이게 무슨 도형인가요?"와 같은 질문에 반응할 때 그 기저에 있는 '시각에 기초한 추측'을 넘어서도록 돕는 것이다. 아이들은 도형이 "적절한 성질"에 의해 정의된다는 것, 더 나아가 그러한 적절성이 맥락에 따라 변한다는 것을 인식한다. 단순한 예로, 어떤 다각형이 직사각형인지, 어떤 것이 비-정형 마름모인지 결정할 때, 방향은 중요하지 않다. 하지만 어떤 문자가 b이고, 어떤 것이 d인가를 결정할 때 방향은 중요하다.

> Big idea
> **핵심 아이디어 1 : 대상 분류하기**
> 분류 체계는 공간이나 대상을 특정 목표 및 의도와 관련된 성질들로 구체화한다.

03 도형을 구성할 기회를 제공하기

유아 교육자들은 종종 어린이집이나 유치원에서 블록 구성활동을 장려한다. 그러한 활동이 놀이이기 때문이다. 그들은 아이들이 그 수준에서 "수학을 학습"하는 것을 선호한다. 아이러니하게도, 오늘날 블록들은 대부분 수학적 개념을 가르치기 위해 만들어졌다! 블록 구성활동은 놀이이자 수학 학습이다.

블록 놀이가 풍부한 수학적 기회를 제공하는 것을 볼 수 있는 교사들에게, 블록 구성 활동은 아이들로 하여금 3차원 도형의 구성, 대칭의 인식, 다른 공간적 기능을 포함하는 기하학적 아이디어를 발달시키도록 돕는 효과적인 방식이 될 수 있다. 사실, 어린이집에서의 블록 구성은 고등학교에서 학생들이 나타낼 수학적 성취를 예측하게 해준다(Wolfgang, Stannard, and Jones 2001).

블록 구성 안에 담긴 수학을 이해하는 교사들은 놀이를 강제하거나 재미를 공부로 바꾸지 않고도 아이들의 사고를 확장할 질문들을 제시할 수 있다. 예를 들어, "어떤 블록응ㄹ 잘 쌓을 수 있을까? 왜 그럴까?"와 같은 도형의 성질, "만약 더 많은 사각기둥이 필요하면 그것을 만들기 위해 다른 블록을 모을 수 있을까?"와 같은 도형의 구성, "오, 네가 구성한 것은 이 부분만 빼면 완벽히 대칭이야. 너는 그런 방식으로 하려고 의도한 거니?"와 같은 대칭에 관한 질문을 할지도 모른다. 교사들은 "너는 그 위에 아치를 구성할 거니?"와 같이 새로운 아이디어를 제안하거나 놀이에 참여하거나 놀이를 확장하게 해주는 문제를 제시할 수 있다. 교사들은 구성 기회를 제공하고, 남녀 할 것 없이 동등하게 풍부한 질문과 코멘트를 제공해야 한다. 몇몇 연구는 그러한 활동이 여자 아이와 남자 아이 모두 중요한 공간적 기술을 발달시키도록 돕는다는 것을 보여준다(Casey et al. 2008; Kersh, Casey, and Young 2008).

또한 블록 구성은 아이들이 측정 개념을 발달시키도록 돕는다. 아이들은 구성물의 지붕을 만들 때 길이 관계를 가지고 씨름해야 한다. 길이와 등가성은 하나의 긴 블록을 두 개의 더 작은 블록으로 대체하는 것 속에 포함되며, 결국 아동으로 하여금 측정과 도형 구성에 관한 아이디어를 발달시키게 한다.

아이들은 2차원 도형을 다른 많은 생산적인 방식으로 구성하고 분해하는 것을 배울 수 있다. 예컨대, 그들은 비형식적이고 창의적인 그림을 그리고, 패턴 블록과 같은 도형 세트를 가지고 붙일 수 있다([그림 3.3]). 그리고 탱그램을 포함한 도형 퍼즐을 할 수 있다([그림 3.4]). 도전적이면서도 성취가능한 수준을 목표로 하는 퍼즐은 일반적으로 내재적 동기를 크게 부여하며, 학습을 유발하는 강력한 맥락이 될 수 있다. 궁극적으로 그러한 구성 작업은 의식적으로 단위들의 단위를 만드는 것을 포함한다. 도형 영역을 분해하고, 재배열하고, 재구성하는 작업은 대상이 다양한 방식으로 분해되고 구성될 수 있다는 관념을 형성하게 한다. 그리고 그러한 방식 중 어떤 것은 넓이를 측정하는 데 더 유용할 수 있다.

[그림 3.3] 패턴블록으로 구성하는 아이

[그림 3.4] 탱그램을 가지고 작업하는 아이

공간의 구조화를 이해하는 교사들은 학생들이 넓이에 대한 확고한 개념을 형성하도록 도울 수 있다. 학생들이 직사각형을 행과 열로 분해할 수 있게 되면, 그들이 나중에 배우게 되는 $A = l \times w$라는 공식을 그 영역에서 정사각형 단위의 수를 세는 하나의 방식으로 보게 될 것이다. 직사각형의 넓이에 대한 이해는 앞에서 논의된 분해와 결합하여, [그림 3.5]에서 보여지는 "블록 L"과 같은 도형의 넓이를 직사각형으로 분해하여 각각의 넓이를 구하고, 앞에서 구한 직사각형들의 넓이를 합하여 도형 전체의 넓이를 구할 수 있다.

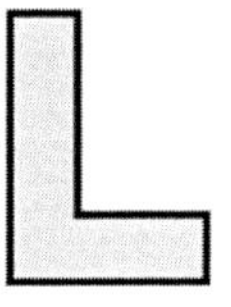

[그림 3.5] 블록 L은 직사각형으로 분해될 수 있는 도형이다.

04 공간과 도형의 측정 탐구하기

Big idea

핵심 아이디어 4 : 기하의 속성을 측정하기
기하의 대상들, 그들 사이의 관계 또는 그들이 점유하고 있는 공간을 분석하고 기술하는 한 가지 방법은 그들이 갖는 하나 또는 그 이상의 속성을 세거나 측정하여 수량화 하는 것이다.

측정을 핵심 아이디어 4에 구체화된 것으로 이해하는 교사들은, 아이들이 전통적으로 사용해오던 자를 이용하여 기술을 익히는 전형적인 목표를 뛰어넘는 이해와 능력을 발달시키도록 도울 수 있다. 길이, 넓이, 부피와 같이 측정 가능한 속성, 측정 단위의 역할, 측정에 요구되는 단위의 반복, 단위의 합 또는 합성을 아이들이 확실히 이해하게 한다.

이러한 이해를 발달시키기 위해, 교사들은 종종 기본적인 측정에 관한 질문으로 시작한다. 특정 측면에서 이것과 저것을 어떻게 비교할 수 있을까? 예를 들어, 교사들은 컴퓨터의 모서리가 구두, 손 또는 책보다 더 긴지 짧은지, 더 나아가 무엇보다 더 긴지 물을 수 있다. 일단 컴퓨터가 책의 길이보다 길다고 결정하였다면, 두 길이가 같아지기 위해 측정 단위인 책이 몇 권 더 필요한지 묻게 될 것이다. 더 많은 비교를 위해, 우리 모두 공유할 수 있는 단위, 즉 표준 단위인 인치로 넘어가게 될 것이다. 이때 인치 타일이나 그와 유사한 것을 이용하게 된다.

이러한 접근을 할 때 너무 자주 다양한 단위를 가지고 측정하도록 성급하게 강요하는 것을 피해야 한다는 점이 중요하다. 왜냐하면 임의의 다양한 단위를 사용하는 것이 혼란을 야기할 수 있기 때문이다. 인치와 같이 익숙한 단위로 측정하는 것은 아이들이 평소에 듣는 언어이므로 더 흥미롭고 유의미하다. 이들 단위를 계속해서 사용하면, 측정이 무엇인지에 대한 더 폭넓은 개념뿐만 아니라, 동일한 길이의 단위라는 개념 및 그 필요성을 아이들이 느낄 수 있는 모델과 맥락을 발달시킬 수 있다. 이후 서로 다른 단위들은 센티미터나 인치와 같은 동일한 길이로서의 표준단위의 역할, 대상의 길이를 측정하는 데 필요한 단위의 크기와 단위 수 사이의 역관계에 대한 더 명확하고 일반화된 이해를 돕는데 사용될 수 있다.

요약하자면, 핵심 아이디어 4를 이해하는 교사들은 어린 아이들에게 측정을 가르치기 위한 세 가지 안내사항을 인식한다.

1. 측정을 단순한 기술 그 이상으로 가르쳐야 한다.
2. 아이들이 실제 측정 문제를 해결하고, 그렇게 하면서 단위들의 단위 뿐 아니라 단위를 구성하고 단위를 반복 적용하도록 격려해야 한다.
3. 아이들이 조작적 단위, 자, 수직선상에서의 산술을 밀접하게 연결하도록 안내하여야 한다.

측정의 기초가 되는 개념을 이해하는 교사들은 아동의 이해 상태를 파악하고 그들이 이러한 아이디어를 구성하도록 이끌 질문을 할 수 있다. 그들은 측정의 원리가 아이들에게 어려우며, 학교에서 더 많은 관심을 주어야 한다는 것을 깨닫는다. 그들은 비형식적인 측정에서 형식적인 측정으로의 전이가 더 많은 시간과 주의를 필요로 하며, 형식적인 측정을 가르칠 때 항상 기본 원리로 돌아가야 한다는 것을 이해한다.

05 평가와 교수를 연결하는 학습 경로 이용하기

핵심 아이디어와 필수 이해가 명확해지면, 어떻게 교수학적 과제를 선택하고, 배열하며, 평가하는가? 학습경로가 그러한 선택을 안내할 수 있다. 학생들이 수학적 주제에 관해 배울 때, 그들은 점점 더 복잡한 사고 수준을 거치면서 발달해 나아간다. 각각의 수준에서, 아이들은 새로운 형태의 문제를 해결할 수 있다. 더욱이 그러한 수준들은 성장 발달과정을 이루며, 특정한 교육적 경험은 각 수준에서 특히 효과적이다. 따라서 학습 경로는 아래에 기술된 세 가지 역할을 하게 된다. 학습 *목표*, 사고 수준의 *성장 발달과정*, 관련된 *교수학적 활동* (Clements and Sarama 2009; Sarama and Clements 2009):

1. 목표는 학생들이 그 영역의 핵심 아이디어와 필수 이해를 달성하는 것이다.
2. 목표를 달성하기 위해, 학생들은 몇 가지 사고수준을 통해 발달해 나아간다(성장 발달과정).
3. 학생들은 그 과정에서 과제나 경험에 의해 도움을 얻는다(교수 활동).

[그림 3.6]과 [그림 3.7]은 Clements와 Sarama(2009)의 것을 각색한 기하와 측정의 두 가지 학습 경로의 일부를 제시한 것이다. 각각의 경로에서, 목표는 1장에서의 핵심 아이디어와 필수 이해이다. 왼쪽 열은 주제에 대한 성장 발달과정에서 서로 다른 수준의 학생들이 할 수 있는 사고를 중심으로 학생들을 특징지은 것이다. 각각의 사고 수준을 나타내는 열은 학생들의 이해와 행동의 예를 포함한다. 오른쪽 열은 그 수준에서 사고를 발달시킬 수 있도록 돕는 과제의 형태에 관해 기술한다.

<table>
<tr><th>발달 과정에서 사고자의 수준</th><th>교수학적 과제</th></tr>
<tr><td>넓이 이전의 양 인식
넓이에 대한 특수한 개념을 거의 보여주지 않는다.
특정 영역을 덮으려는 의도를 보이지 않고 대부분 닫힌 도형과 직선을 그린다.
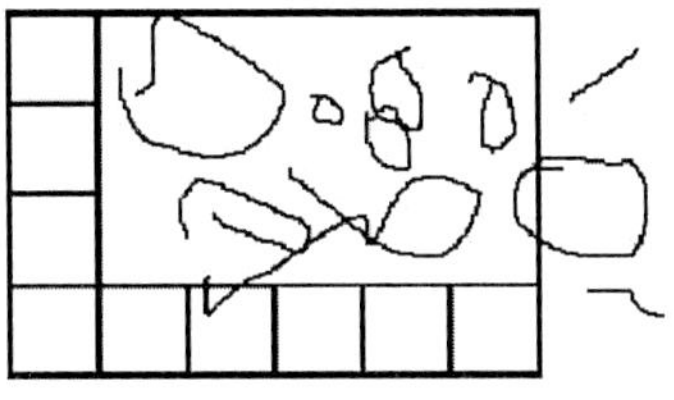</td><td>아이들은 직관적으로 다양한 형태의 자료를 비교하고, 순서 짓고, 구성하며, 점차 2차원 공간의 영역을 포함하는 어휘를 학습한다.</td></tr>
<tr><td>단순한 넓이 비교
한 변을 이용하여서만 또는 길이와 넓이를 곱하지 않고 더한 후 어림하여 도형의 넓이를 비교한다.
예를 들어, 어떤 직사각형 모양의 빵이 7×5 직사각형과 "같은 양"인지 질문하면, 아동은 같은 길이의 변을 맞추어 5×6인 예를 고르기도 하고, 직관적으로 양변을 합하여 6×6인 직사각형을 고른다.</td><td>아이들은 어떤 종잇조각들이 그들로 하여금 가장 큰 그림을 그리게 할 것인지 결정한다. 그들은 그러한 질문에 답하기 위해 자르고 재배열 하는 것과 같은 전략을 고안한다.</td></tr>
<tr><td>좌우 넓이 측정
물리적 타일로 직사각형 공간을 덮는다.
하지만 지각적 보조물이 없이는 2차원 공간을 조직하거나 조정하거나 구조화할 수 없다. 그림을 그리거나 상상하거나 세는 것을 가리킬 때, 바로 옆에 있는 대략 직사각형 모양인 그 구조의 특정한 측면만을 나타낼 수 있다.
물리적 타일로 영역을 덮고 하나씩 그것들을 제거하면서 센다.</td><td>측정 영역에서의 초기 시도는 아이들이 선택한 2차원 단위를 가지고 영역을 붙여나가는 것을 포함할 수 있다. 그 과정에서 남은 공간이나 겹치는 단위, 정확성 등의 이슈에 관해 토론한다. 이러한 아이디어에 대한 토론은 아이들이 머릿속에서 하나의 영역을 셀 수 있는 부분 영역들로 분할하도록 이끈다.</td></tr>
</table>

<table>
<tr><th>발달 과정에서 사고자의 수준</th><th>교수학적 과제</th></tr>
<tr><td>영역을 채우려고 시도하지만, 간격을 두거나 그려진 도형을 가지런히 놓지 않는다. 도형들을 단지 1차원으로만 배열한다.
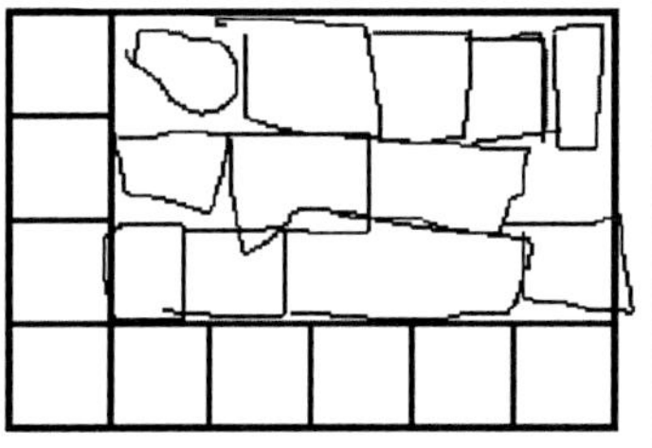</td><td></td></tr>
<tr><td>원시적 덮기
완전히 덮는 그림을 그리지만, 배열하는 부분에서 약간의 실수가 있다. 경계 주변을 세고 내부에서는 부분 영역을 두 번 세기도 하고 다른 것은 건너뛰기도 하는 등 체계적이지 않은 면을 보인다.
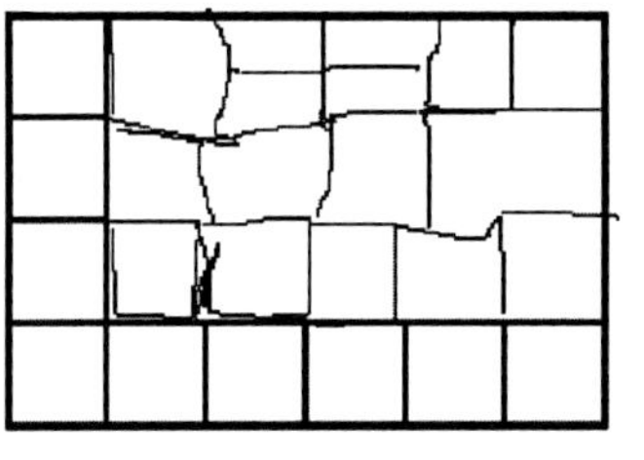</td><td>아이들은 물리적인 정사각형 타일을 붙이면서 직사각형을 덮고, 하나의 직선을 가지고 두 개의 인접한 모서리를 나타내는 그림으로 바꾸는 법을 배운다. 간극이 없이 공간을 채워 나타내기 위한 최선의 방법이 무엇인지 토의한다.</td></tr>
</table>

발달 과정에서 사고자의 수준	교수학적 과제
넓이 단위 관련짓고 반복하기 위의 원시적 덮기에서 보여진 것과 같이 그린다. 한 번에 한 줄 전체를 세는 방식으로 세고 종종 지각적으로 이름을 붙이는 방식으로 하여 정확하게 센다.	아이들은 차례차례 각 배열을 체계적으로 세는 전략을 토의하고, 배우고, 연습한다.
부분 열 구조화하기 몇몇 줄들은 줄 별로 센다. 하지만 모든 줄을 그렇게 하지는 않는다. 몇몇 줄을 긋고 하나하나 정사각형을 만드는 방식으로 돌아간다. 하지만 그것을 행으로 배열한다. 폭과 높이를 조정하지 않는다. 측정 맥락에서, 단위 크기를 사용하기 위해 직사각형의 길이를 반드시 사용하지는 않는다. 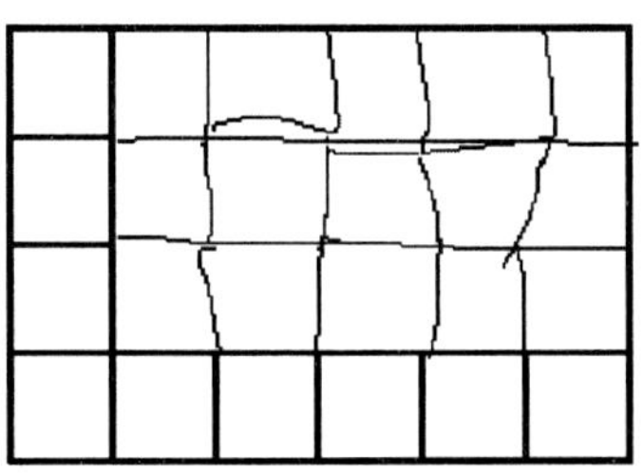	아이들은 비-정수값 뿐만 아니라 단위 정사각형의 사용을 강화하기 위해 넓이를 측정할 때 종이로 된 정사각형을 사용한다. 사라진 부분이 더 많은 공간을 채우고, 열을 "연장하는" 것과 같이 설명하는 언어를 사용한다. 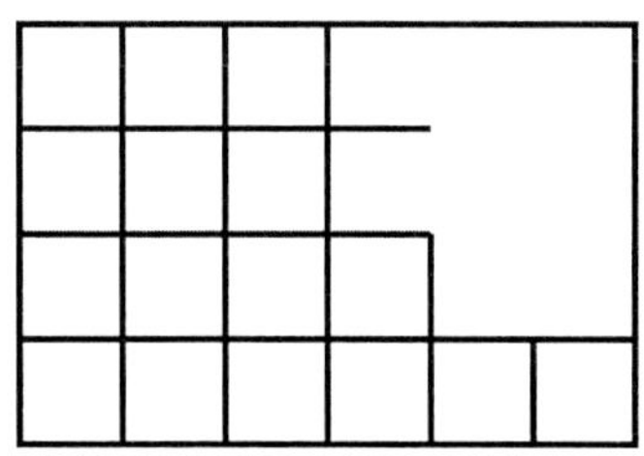 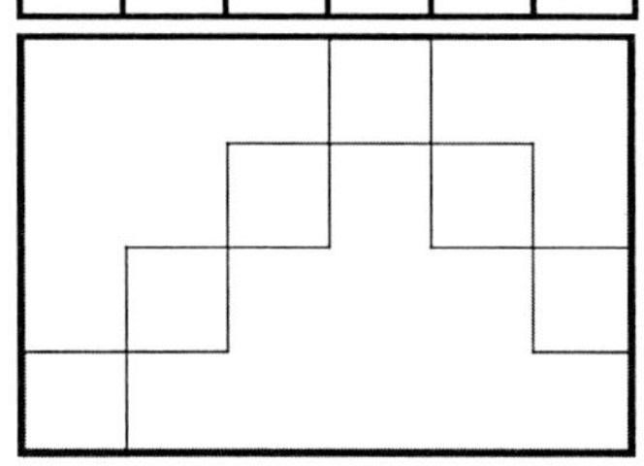

발달 과정에서 사고자의 수준	교수학적 과제
행과 열 구조화하기 평행선에 맞추어 행을 따라 줄을 긋고 센다. 물리적 사물을 이용하거나 반복되는 횟수에 대한 어림을 이용하여, 각 행에 있는 수를 반복하면서 정사각형의 개수를 센다. 하나씩 세는 사람들은 보통 행별로 하는 체계적인 공간적 전략을 이용하여 그러한 작업을 수행한다. 만약 표식이 없는 직사각형 영역을 측정하는 과제라면, 반복되는 정사각형의 크기를 결정하기 위해 한쪽 방향을 측정하고, 그림을 그리는 데 필요한 줄의 수를 결정하기 위해 궁극적으로 두 변 모두 측정한다. 가장 어린 아이들이 하는 것과 같은 세기 방식이나 동수누가 또는 곱셈에 의한 계산으로 넓이를 결정하는데 그림을 완성할 필요가 없다. 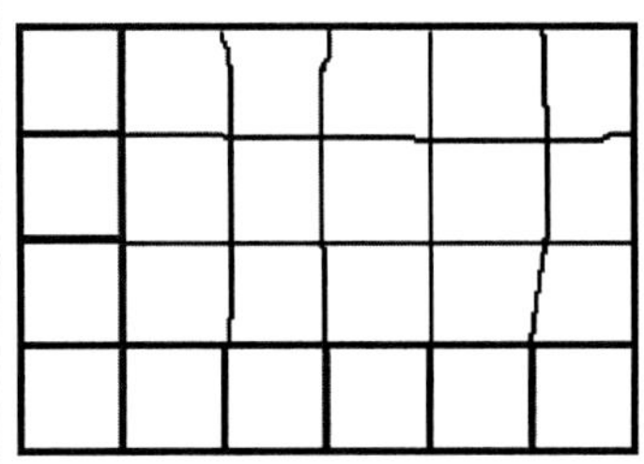	더 진전하기 위해서, 아이들은 협소한 부분에서 더 폭넓게 공간을 구조화하는 방향으로 나아가야 한다. 자신들의 아이디어와 행위를 조정하여 정사각형을 행과 열의 부분들로 볼 수 있어야 한다. 아이들은 머릿속으로 행을 구조화하고, 지시된 위치와 일대일대응을 시키고, 직사각형 영역을 채우기 위해 각 행을 반복함으로써 열린 영역을 "채울" 필요가 있다. 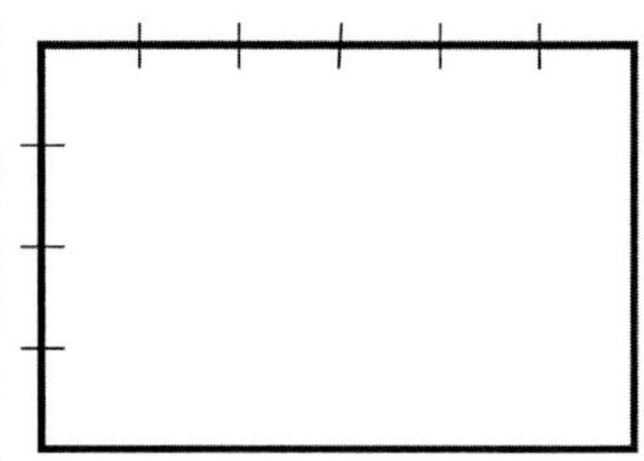
배열 구조화하기 1차원적 측정 또는 2차원에 대한 유사한 지표를 사용하여 직사각형의 넓이를 결정하기 위해 행 또는 열의 정사각형의 개수를 곱셈적으로 반복하여 센다. 그림은 필요하지 않다. 곱셈 맥락에서, 아이들은 직사각형의 길이와 높이로 넓이를 계산할 수 있고, 그 곱셈이 어떻게 해서 넓이가 되는지 설명할 수 있다.	두 개의 직사각형이 주어지고 아이들은 둘 중 어느 것이 더 넓은지 결정한다. 나중에는 여러 개의 직사각형으로 이루어진 모양을 다룬다.

[그림 3.6] Clements와 Sarama(2009, pp.177-80)에 근거한 공간의 구조화 및 넓이 측정의 학습 경로

발달 과정에서 사고자의 수준	교수학적 과제
길이 이전의 양 인식 길이를 속성으로 인식하지 못한다. "이것은 길다. 곧은 모든 것은 길다. 곧은 것이 아니면 그것은 길 수 없다."	아이들은 다양한 형태의 재료들을 직관적으로 비교하고, 순서 짓고, 구성하며, 점차 특정 차원에 대한 어휘를 배우게 된다.
길이 양 인식 길이나 거리를 속성으로 인식한다. "나는 커요. 보세요?"	교사들은 "긴", "큰", "높은" 것에 관해 듣고 대화를 확장한다.
길이 직접 비교 어느 것인 긴지 아니면 길이가 같은지 결정하기 위해 두 가지 대상을 물리적으로 나란히 배열한다. 두 막대를 책상 위에 나란히 세워 놓은 후 "이것이 더 커요."라고 말한다. 	여러 일상적 상황에서, 아이들은 누가 가장 큰 탑을 가지고 있는지, 누가 찰흙으로 가장 긴 뱀을 만들었는지 등 높이나 다른 길이를 직접 비교한다. 아이들은 팔 길이만큼의 리본을 자르고 교실에서 같은 길이의 물건을 찾는다. 아이들은 수업 시간에 한 활동에서 다음 활동으로 넘어갈 때 교사의 도움을 받아 5명씩 키 순서대로 선다.
길이 간접 비교 두 가지 대상의 길이를 제3의 대상으로 표현함으로써 길이를 비교한다. 두 가지 대상의 길이를 실을 가지고 비교한다.	아이들은 테이블이 통과할 수 있을 만큼 출입구가 충분히 큰지 결정하는 것과 같이 간접 비교를 요구하는 일상적 과제를 해결한다. 제3의 대상으로 두 대상의 길이를 간접적으로 비교하도록 요구 받을 때, 아이들은 종종 제3의 대상으로 두 대상을 가려서 간접 비교가 불가능하게 만든다. 종이 띠를 이용하여 두 개의 펠트 재질의 띠의 길이를 비교하는 것과 같은 과제를 제공하는 것은 비교되는 대상들 각각의 옆에 제3의 대상을 놓게 한다. 그들이 종이 띠로 펠트 띠를 덮는다 하더라도 시각적 비교를 통해 추측하게 되기 때문이다. 추측이 올바르지 않다면, 더 비교를 잘 하기 위해 종이를 어떻게 사용할 수 있을지 질문할 수 있다. 필요하다면 종이 띠를 펠트 띠 옆에 놓는 것을 모델화할 수 있다.

발달 과정에서 사고자의 수준	교수학적 과제
끝을 연결한 길이 측정 끝을 연결하여 단위를 놓는다. 같은 길이의 단위의 필요성을 인식하지 못할 수도 있다. 도출된 측정값을 비교 상황에 적용하는 능력은 이 수준의 후반부에 발달한다. 책이 얼마나 긴지 측정하기 위해 그 옆에 9인치 큐브를 일렬로 놓는다.	아이들의 사고는 다음과 같은 수수께끼를 흥미로워 한다. "너는 나를 가지고 쓴다. 나는 길이가 7큐브인데, 나는 누구일까?" 아이들은 물리적 단위 또는 그려진 단위를 가지고 측정한다. 그들의 길이에 대한 사고를 발달시키는 데에는 이쑤시개와 같이 길고 얇은 단위로부터 1인치씩 나누어진 것으로 초점을 옮겨 가는 것이 도움이 많이 된다. 단위의 일차원적 속성을 명시적으로 강조해야 한다. 즉, 아이들은 센티미터 큐브와 같은 것으로 측정할 때 큐브의 면의 넓이나 큐브 자체의 부피가 아닌 일차원적 단위인 모서리의 길이를 사용해야 한다는 것을 배워야 한다.
길이 단위 관련짓고 반복하기 단위를 반복적으로 사용하여 측정한다. 하지만 초기에는 그러한 반복이 정확하지 않을 수도 있다. 크기와 단위의 수를 명확하게 관련짓는다. 다만 모든 상황에서 동일한 단위를 사용할 필요성에 대해 깊이 생각하지 못한다. 크기와 단위의 수를 명확하게 관련짓는다. "만약 인치 대신 센티미터로 재면, 단위가 더 작기 때문에 더 많이 필요할 거예요." 전체 길이를 얻기 위해 두 개의 길이를 더할 수 있다. "이것은 5이고, 이것은 3이니까 합하면 8이 돼요." 하나의 단위를 반복하여 측정한다. 최소한 직관적으로는 그리고 어떤 상황에서는 다른 단위가 다른 측정값을 초래한다는 것, 그리고 단위가 동일해야 한다는 것을 인식한다. 최소한의 안내를 받으며 자를 사용한다. 자를 가지고 책의 길이를 정확하게 잰다.	아이들은 대상을 정확하게 잴 수 있기 전에 주어진 길이에 해당하는 직선을 그릴 수 있을지도 모른다. 아이들에게 직선을 그리는 활동을 제시하는 것은 영점 또는 출발점인 0에서 시작할 것을 강조하고, 물리적 단위로 잴 때 끝과 끝을 연결하면서 간격과 수가 나타내는 것뿐만 아니라 영점에서부터 대상을 놓음으로써 대상을 재는 방법에 관해 토의하는 데 참여할 기회를 제공한다. 아이들은 다른 단위로 측정하는 문제에 직면하여 각각의 단위가 일차원적 공간을 얼마나 많이 채우는지 토의한다. 그들은 단위가 더 커질수록 단위의 "반복"은 더 적어진다는 결과에 대해 명시적으로 말한다.

발달 과정에서 사고자의 수준	교수학적 과제
길이 측정 구부러진 길의 길이를 두 끝점 사이의 거리가 아니라 부분의 합으로 생각한다. 단일 단위의 필요성, 서로 다른 단위들 사이의 관계, 단위의 분할, 자에서의 영점, 거리의 누적을 이해하면서 측정한다. "미터자를 세 번 이용하니 조금 남았어요. 그래서 그것을 0에 나란히 놓은 후 14센티미터가 된다는 것을 알았어요. 즉, 전체는 3미터 14센티미터에요."	아이들은 반복과 단위의 분할 둘 다 요구하는 선분이나 대상을 측정하기 위해 물리적 단위와 자를 사용한다. 단위의 세분을 배울 때, 4분의 1이나 8분의 1을 구성하기 위해 단위를 반으로 접고, 접힌 부분을 반으로 표시한 후 그 과정을 반복한다. 아이들은 더하기에 이용하는 테이프 형태의 띠 위에 자신의 발자국을 반복해서 그려 "발자국자"와 같은 단위들의 단위를 만든다. 그러고 나서 예를 들어 15발자국자 내지는 3칸 짜리 발자국자와 같이 다섯 개의 발자국으로 이루어진 서로 다른 크기의 단위들로 측정하고, 이들 단위들을 정확하게 관련짓는다. 또한 남은 공간을 다루는 방법, 즉 그것을 주어진 단위 또는 단위의 부분으로 세는 방법을 토의한다.
개념적 자에 의한 측정 "내적인" 측정 도구를 가진다. 머릿속으로 대상을 따라 이동하면서 그것을 분할하고, 그 분할된 부분을 센다. "연결된 길이"인 치수를 산술적으로 계산한다. 정확성을 가지고 어림한다. "나는 그 방의 모서리를 미터자를 연결하여 재는 것을 상상해요. 그 방의 길이가 9미터라고 어림하는 방식이지요."	아이들은 도형의 측정값을 구하기 위해 주어진 단위를 사용한다. 이것은 로고 거북 그래픽을 사용하여 컴퓨터에서 수행할 수 있는 훌륭한 활동이다. 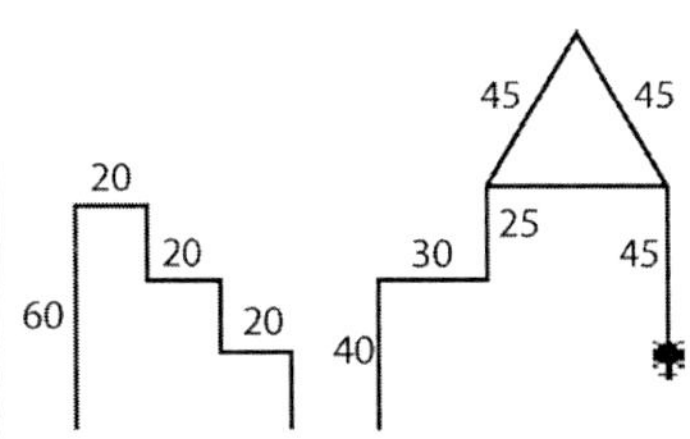 아이들은 인치로 이루어진 껌 조각과 같이 단위로 사용할 벤치마크와 6인치 달러 지폐와 같은 복합 단위를 발달시키고, 그러한 단위를 머릿속으로 반복하는 것을 포함하여 길이를 어림할 명시적 전략을 배운다.

[그림 3.7] Clements와 Sarama(2009, pp.169-72)에 근거한 길이 측정의 학습 경로

교사들은 학습 경로를 어떻게 이용하는가? 물론 주요한 방식은 학생의 학습경로를 신중하게 고려하여 구성된 교육과정을 사용하는 것이다. 하지만, 어느 교사라도 어떤 교육과정이든지 그 교육과정을 각색하거나 향상시켜 학습경로를 사용할 수 있다. 즉, 수업을 위한 정보를 얻기 위해 아이들의 지속적인 학습상태를 모니터링하는 형성평가를 사용할 수 있다.

학습 경로는 주어진 발달 과정의 각 수준의 행동적 지표를 제공하고 그 이전과 이후 수준, 특히 아이들이 교실에서 가장 많이 보여줄 것 같은 수준의 행동과 차별화되는 점이 무엇인지 보여줌으로써 지속적인 모니터링을 돕는다(Clements and Sarama 2009; Sarama and Clements 2009). 교사들은 발달 과정에 기초하여 개별적으로 진행되는 인터뷰, 아동이 공부한 사례, 아동의 사고를 보여주는 수행 과제를 포함하여 다양한 평가 전략을 사용할 수 있다. 가장 효과적인 것 중의 하나는 소그룹 교육과정 활동에 포함된 평가이다. 즉, 교사가 안내하는 소그룹 수업이 이루어지는 동안, 교사들은 그 그룹에 속한 4~6명의 아이들이 보이는 사고 수준을 기록하고, 거기서 파악한 바를 차후 수업을 위한 활동이나 계획을 수정하는데 사용할 수 있다.

그러한 지속적인 모니터링은 교사들이 수업을 하는 동안 그것을 사용해야만 도움이 된다. 학습경로는 발달 과정 상의 각 수준의 학습자들에게 특히 도움이 될 수 있는 활동 유형과, 그러한 활동이 다음 사고 수준을 구성하는데 어떻게 그리고 왜 도움이 되는지 제안함으로써 도움을 줄 수 있다. 그림과 원자료에 기록된 활동들은 교수학적 과제를 간단히 설명하고 있다. 학습 경로의 세 가지 측면, 즉 목표(학생들이 배우게 되는 수학, 그리고 그것이 1장에 제시된 핵심 아이디어와 필수 이해에 어떻게 부합하는지와 관련되는지), 발달 과정, 과제를 이해하는 교사들은 교육과정의 활동을 각색하여 서로 다른 수준에 있는 학생들을 도울 수 있다. 그리고 과제를 적절한 것으로 대체함으로써 교수를 개선시킬 수 있다. 다시 말하지만 학습 경로에서 교수 과제는 학습 경로에 포함된 사고 수준을 달성하도록 학생들을 안내하는 유일한 방법이 아니다. 그것은 다음 수준의 사고를 촉진하도록 돕는 교수 활동 유형의 예로 제시된 것일 뿐이다. 교사들은 그것을 실행하거나 각색할 수 있으며, 출판된 교재에 들어 있는 것을 포함한 다른 수업의 유용성을 평가하기 위한 템플릿으로 사용할 수 있다.

06 결론

유치원 이하부터 초등학교 2학년 수학 교사들이 이해해야 할 중요한 기하와 측정이라는 수학적 내용에 초점을 맞추었다. 그 과정에서 우리는 아이들이 관련된 내용에 대해 사고하고 학습하는 방식, 그리고 평가와 교수를 지원할 수 있는 과제의 특징을 살펴보았다. 수학적 아이디어의 전 범위에 관한 아이들의 지식을 살펴보는 풍부한 상황과 과제를 이용함으로써, 교사들은 아이들이 발달과정을 좇아가고 있는지 평가할 수 있다. 교사들은 이 정보를 이용하여 아이들이 더 효율적이고 더 복잡한 수학적 사고를 향해 꾸준히 공부해 나아갈 수 있도록 도울 수 있다.

참고문헌

Barnett-Clarke, Carne, William Fisher, Rick Marks, and Sharon Ross. *Developing Essential Understanding of Rational Numbers for Teaching Mathematics in Grades 3–5*. Essential Understanding Series. Reston, Va.: National Council of Teachers of Mathematics, 2010.

Casey, Beth M., Nicole Andrews, Holly Schindler, Joanne E. Kersh, Alexandra Samper, and Juanita V. Copley. "The Development of Spatial Skills through Interventions Involving Block Building Activities." *Cognition and Instruction* 26 (July 2008): 269–309.

Clements, Douglas H., and Julie Sarama. *Learning and Teaching Early Math: The Learning Trajectories Approach*. New York: Routledge, 2009.

Common Core State Standards Initiative (CCSSI). *Common Core State Standards for Mathematics. Common Core State Standards (College- and Career-Readiness Standards and K–12 Standards in English Language Arts and Math)*. Washington, D.C.: National Governors Association Center for Best Practices and the Council of Chief State School Officers, 2010. http://www.corestandards.org.

Dougherty, Barbara J., Alfinio Flores, Everett Louis, and Catherine Sophian. *Developing Essential Understanding of Number and Numeration for Teaching Mathematics in Prekindergarten–Grade 2*. Essential Understanding Series. Reston, Va.: National Council of Teachers of Mathematics, 2010.

Elia, Illiada, Athanasios Gagatsis, and Andreas Demetriou. "The Effects of Different Modes of Representation on the Solution of One-step Additive Problems." *Learning and Instruction* 17 (December 2007): 658–72.

Geary, David C., Mary K. Hoard, Lara Nugent, and Jennifer Byrd-Craven. "Development of Number Line Representations in Children with Mathematical Learning Disability." *Developmental Neuropsychology* 33, no. 3 (2008): 277–99.

Hofmeister, Alan M. "Elitism and Reform in School Mathematics." *Remedial and Special Education* 14 (November/December 1993): 8–13.

Kersh, Joanne, Beth M. Casey, and Jessica Mercer Young. "Research on Spatial Skills and Block Building in Girls and Boys: The Relationship to Later Mathematics Learning." In *Contemporary Perspectives on Mathematics in Early Childhood Education*, edited by Olivia N. Saracho and Bernard Spodek, pp. 233–51. Charlotte, N.C.: Information Age, 2008.

Lobato, Joanne, and Amy B. Ellis. *Developing Essential Understanding of Ratios, Proportions, and Proportional Reasoning for Teaching Mathematics in Grades 6–8.* Essential Understanding Series. Reston, Va.: National Council of Teachers of Mathematics, 2010.

Lyons, Michel, and Robert Lyons. *Meta-Forms: Logic Builder.* Montreal, Canada: FoxMind Games, 2007.

National Council of Teachers of Mathematics (NCTM). *Principles and Standards for School Mathematics.* Reston, Va.: NCTM, 2000.

———. *Curriculum Focal Points for Prekindergarten through Grade 8 Mathematics: A Quest for Coherence.* Reston, Va.: NCTM, 2006.

———. *Focus in High School Mathematics: Reasoning and Sense Making.* Reston, Va.: NCTM, 2009.

Otto, Albert Dean, Janet H. Caldwell, Cheryl Ann Lubinski, and Sarah Wallus Hancock. *Developing Essential Understanding of Multiplication and Division for Teaching Mathematics in Grades 3–5.* Essential Understanding Series. Reston, Va.: National Council of Teachers of Mathematics, 2011.

Ramani, Geetha B., and Robert S. Siegler. "Promoting Broad and Stable Improvements in Low-Income Children's Numerical Knowledge through Playing Number Board Games." *Child Development* 79 (March/April 2008): 375–94.

Rodriguez, Diane, Rene S. Parmar, and Barbara R. Signer. "Fourth-Grade Culturally and Linguistically Diverse Exceptional Students' Concepts of Number Line." *Exceptional Children* 67 (2001): 199–210.

Sarama, Julie, and Douglas H. Clements. *Early Childhood Mathematics Education Research: Learning Trajectories for Young Children.* New York: Routledge, 2009.

Smith, Linda B., Susan S. Jones, Barbara Landau, Lisa Gershkoff-Stowe, and Larissa Samuelson. "Object Name Learning Provides On-the-Job Training for Attention." *Psychological Science* 13 (January 2002): 13–19.

Vanbinst, Kiran, Pol Ghesquiere, and Bert De Smedt. "Numerical Magnitude Representations and Individual Differences in Children's Arithmetic Strategy Use." *Mind, Brain, and Education* 6 (September 2012): 129–36.

Wolfgang, Charles H., Laura L. Stannard, and Ithel Jones. "Block Play Performance among Preschoolers as a Predictor of Later School Achievement in Mathematics." *Journal of Research in Childhood Education* 15 (Spring/Summer 2001): 173–80.

수학교사를 위한 지침서 09

기하와 측정의 필수 이해: 유아 · 유치원-2학년

초판발행 2019년 5월 15일
초판2쇄발행 2022년 11월 25일

지은이 E. Paul Goldenberg, Douglas H. Clements
Barbara J. Dougherty, Rose Mary Zbiek
옮긴이 류성림 · 고정화 · 김상미 · 이종학
펴낸이 오판근
펴낸곳 (주) 교우
주 소 서울시 동대문구 약령시로 8 교우빌딩 2층 (주)교우
전 화 02-925-2861 / **팩 스** 02-925-2860. **편집부** 02-925-2825
홈페이지&북스토어 www.kyowoo.co.kr / **이메일** kyowoo@kyowoo.co.kr

등 록 1994년 3월 24일 제1994-000013호
ISBN 979-11-251-0289-2 (94410)

Published by Kyowoo Co., Ltd. Printed in Korea

(주) 교우는 보다 혁신적이고 참신한 도서를 다양하게 기획하고 있습니다.
책으로 펴내고자 하는 아이디어나 원고는 메일로 보내주세요.
(주) 교우는 전과정을 책임지고 최선을 다하겠습니다.

값 13,000원

교우미디어는 (주) 교우의 Imprint 사입니다.
수학정원·과학정원은 (주) 교우의 새로운 브랜드명입니다.

잘못된 책은 구입하신 서점에서 교환해 드립니다.